# 운율과 공간의 미학

조근호 문학평론집

오늘의문학사

국립중앙도서관 출판예정도서목록(CIP)

국립중앙도서관 출판예정도서목록(CIP)

운율과 공간의 미학 : 조근호 문학평론집 / 지은이: 조근호.
-- 대전 : 오늘의문학사, 2018
p. ; cm

대전광역시와 대전문화재단에서 사업비 일부를 지원받아 발간되었음
ISBN 978-89-5669-964-6 03810 : ₩15000

시 평론[詩評論]

811.09-KDC6
895.71009-DDC23 CIP201803788

# 운율(韻律)과 공간(空間)의 미학(美學)

머리말

# 운율과 절제 속의 보석 캐기

시는 지극히 절제된 언어를 사용하는 형이상학을 다루는 매체임은 부인할 수 없는 사실이다. 그 절제된 언어를 이용하여 숱한 고통을 감내하며 많은 보석을 담아내는 시인들이야말로 실로 정서의 개척자라 아니할 수 없다.

그러나 구슬이 서 말이라도 꿰어야 보배라는 속담이 있듯이 시 속에 아무리 훌륭한 이미져리가 담겨 있어도 읽어내지 못한다면 한낱 진흙 속의 진주일 뿐이다.

독자들의 편의를 위하여 해설하는 마음으로 평론을 시작하였다. 여기에 수록된 평론 및 평설들은 나름대로 든든한 개성의 세계를 구축하고 있는 시인들이나 출판사에서 요구하는 정을 뿌리치지 못하고 응했던 글들이다.

시 쓰는 일도 평론을 쓰는 일도 어느 것 하나 쉬운 일이 없는데도 평론집을 엮으려니 좀 쑥스럽다는 생각이 앞선다. 주위의 지인들이 자꾸만 왜 평론집을 묶지 않느냐며 부추기는 차제에 대전시청과 대전문화재단에서 도움을 주시겠다고 하여 용기를 냈음을 밝힌다.

문학인과 독자들에게 조금이라도 도움이 되기를 간구하며 부족한 점 질정해 주시면 더없이 고맙겠다.

2018년 11월 좋은 날에

清浪詩房에서 저자

# 목차

## 3부 시집 평설

목 차

## 4부 동시 및 동시조 평설

# 1부

## 문학평론

# 기호론적 상상력과 공간성의 어울림

## -艸丁 시조의 양상에 대하여-

### Ⅰ. 서론

한국 시가(詩歌) 문학사상 가장 오랜 기간 동안 그 명맥을 유지하고, 또 현대에 이르러서까지 계속 왕성하게 창작되고 있는 문학의 한 장르가 시조라는 것은 잘 알려진 이야기다. 이처럼 시조가 오랜 기간 동안 생명력을 가지고 이어져 올 수 있었던 까닭은 무엇보다도 시조의 형식과 미의식(美意識)이 우리 민족에게 가장 친숙하고 자기 동일적(自己同一的)인 형식 체험이기 때문일 것이다.[1)] 현대시조는 지금까지 시대와 시인에 따라 그 시적(詩的) 이미지가 확장되고 변용되어 왔다. 한국의 전통시, 즉 시조의 정서 또한 사랑과 자연을 대상으로 또는 상징성을 바탕으로 하여 촉발된 감정의 상태를 표현하여 왔고, 그것이 시조적 정서의 한 전형처럼 인식되어 온 것이 사실이다. 우리가 조상 대대로 이어온 3장 6구의 형식은 형식의 제약에도 불구하고 현실적인 삶의 애환을 적극적으로 반영하며, 실존의 의미를 구체적으로 형상화하는 데에 큰 무리가 없이 지금까지 질긴 명

---

1) 박철희, 『시조의 전통과 그 계승 가치』, 동국대학교 일본학연구소, 1989.9

맥을 유지하고 있다. 더욱이 글로벌 사회가 될수록 지역 문화(Local Culture)가 빛을 더하는 양상을 맞으며 시조는 더욱 발전되리라 믿는다. 시조문학의 연구에 있어 그 동안 국문학의 다른 분야와 마찬가지로 상당히 많은 연구가 진행되어 온 것이 사실이지만 대부분이 작가 연구나 작품 연구, 아니면 자수론(字數論)에 근거한 시조 형식의 율격을 규명하려는 노력에 집중되고 있는 실정으로 시조에 있어서 공간성(空間性) 문제는 거의 논의된 바가 없었다고 생각된다. 문학은 시간과 공간이 공존하는 예술이다. 그럼에도 많은 철학가, 문학이론가는 문학을 시간의 특수한 경험 양식으로 파악해 왔다. 물론 문학에 있어서 시간문제가 중요시 되는 이유는 자아의 개념과 불가분의 관계를 맺고 있기 때문이다.[2)]

그러나 시인과 작품은 시간적인 존재이면서 동시에 초시간적(超時間的)인 것에 참여하고 있다. 따라서 문학적 존재는 정신과 역사라는 두 개의 축에 동시적으로 활동하며, 이 양자는 상호 무선적인 듯하면서 문학의 내적인 총체성 속에서 인식되지 않으면 안 될 것이다.[3)] 이에 본 탐색에서는 한낱 시론(試論)에 불과하지만 공간론적, 기호론적인 입장에서 우리의 민족시 시조를 바라보고자 한다. 그러나 치밀한 분석으로 개인의 작품 세계를 제대로 밝혀내지 않고 전체적인 시세계를 말한다는 것은 매우 위험한 일이다. 여기에서 논의되는 작품 성향은 초정 시조의 전체적인 경향이 아니라 공간론적인 입장에서 바라본 몇 몇 작품을 토대로 "시적 상상력과 공간은 어떤 관

---

2) 김준오 역, 『문학과 시간현상학』, 심상사, 1979.
3) 장영태 역, 『문학 연구 방법론』, 홍성사, 1982

계가 있는가?", "초정(艸丁) 시조는 어떤 공간 의식을 갖고 있는가?"를 알아보고자 함을 미리 밝힌다.

## II. 시적(詩的) 상상력과 공간(空間)

기호학적인 시각에서 문학 작품을 바라볼 때 작품이란 의미가 부여된 하나의 기호(記號)이며 독자들은 그 기호를 적극적으로 해독하여 발신자와의 의사소통에 참여해야 하는 처지를 말하는 것이다. 작품의 이해에 있어서 주변적 상황도 커다란 역할을 하는 것이지만, 어디까지나 시인의 생사(生死)와 관계없이 영원히 남을 수 있는 언어 기호체로서의 작품 그 자체가 중요한 것이라 하겠다. 바슐라르의 공간시학(空間詩學)에서 보면, 이미지는 상상력에 의한 형성정신으로서 시는 상상의 언어이고 그 상상의 언어에 의해 존재가 창출되는 명제를 취한다고 하였다. 여기에서 상상력은 창조적 상상력으로서 체험과 체험을 고리로 묶고 엮어낸다는 점에서 사물이 변형, 전이(轉移), 치환(置換)과 등가치(等價値)가 되어진다. 시적 상상력이 인간의 총체적 정신 속에서 갖는 의의를 문학이 과학과 대립되기보다는 과학과 비슷한 차원에서 세계를 인식하게 하는 또 다른 방법이라는 이른바 문학의 인식론적(認識論的) 측면에 있다.[4]고 시 세계 인식 수단으로서의 상상력을 시적 공간을 빌어 강조되기도 한다. 상상

4) 박이문, 『예술 철학』, 문학과 지성사, 1963

력의 독자성에 대한 논증으로서 시적 교감(交感)의 현상을 들 수 있는데, 이것은 바로 상상력의 보편성과 통하는 말이다. 외계 대상의 이미지를 받아들임에 있어 시인과 독자 양쪽에서 같을 때 시적 교감이 가능해진다. 즉 상상력도 보편성을 가지고 있기 때문에 개인마다 다른 경험적 삶의 개체성에 좌우되지 않는 독자성을 나타내는 것이다. 여기에서 원형(原形)이 발견되며 원형은 상상력이 보편적인 궁극성을 표현하는 이미지이다. 시의 공간은 시적 상상력에 의해 창출된 일종의 소우주(小宇宙)이다. 현대시조에서의 공간도 이런 관점에서 논의되어야 한다고 보며 그것은 시인에 있어서의 세계관 형성은 시대나 그 시대가 요구하고 당면했던 철학, 역사, 종교와 같은 문학 외적 요소들과도 불가분의 상관성을 갖게 된다. 시 창작 과정의 대체적인 경우는 지각에 의한 외적 경험을 통해서 직관된 상이 언어를 통해서 사유(思惟)를 거쳐 표출되게 된다. 그러니까 대상이 선(先)이 되고 표출이 후(後)가 된다. 시가 언어로 표현될 때 그것은 언어가 가지는 공간 때문에 표상되어지는 것이고, 이미지로 표현될 때 이미지가 가지는 공간 때문에 그 표현이 가능해진다는 논리이다. 이때 공간은 물론 확대된 상태로 나타날 수도 있고, 축소된 상태로서 나타날 수도 있겠지만, 그것은 전이되는 방향에 따라 달라지게 된다. 예를 든다면 현실 공간에서 비현실 공간으로의 전이를 확대로 파악했을 때 그것은 확대 공간이 되고, 반대의 방향으로 전이될 때 축소 공간이라 할 수 있다.

## Ⅲ. 초정 시조에 나타난 공간 의식

바슐라르의 공간론은 『공간의 시학』으로 대표되는데 이것은 불, 물, 공기, 대지의 4차원론에 의한 물질 상상력의 뒤에 나온 후기의 것으로서, 소유되고 방어(防禦)되며 사랑받는 행복한 공간의 이미지에 대한 고찰에서 출발하고 있다. 볼노브에 있어서 공간이란 추상적인 것이 아니라 삶의 전체 현실을 결속시키는 구체적 공간이다. 따라서 그는 공간을 단순히 공간이라 하지 않고 공간성(空間性)이라 하여 그 포용성을 인정하고 있다. 현대 문학 작품의 비평에서 대개 그렇듯 어떻게 그 작품이 쓰여졌는가, 다시 말해서 어떠한 하나의 주제를 이야기하는데 어떤 수법으로 작품이 쓰여졌는가 하는 형식주의적 비평보다는 무엇을 이야기하고 있는가를 살피는 것이 비평의 주류를 이루고 있다. 그러면서 시를 포함한 모든 예술 작품의 본질은 기계적이거나 도식적(圖式的)이지 않고 유기적 관계 속에서 유동성을 갖고 결합되어 있는데, 그 유기적 결합은 상징에 의해서 가능하다고 보고 있다. 이 유기적인 결합의 질서가 이미지의 논리가 되는 것이고, 그 세계가 시에서 구축된 공간이 되는 것이다. 초정 시조가 갖는 시의 공간성은 다양한 각도에서 논의될 수 있겠으나 여기에서는 인위적(人爲的) 공간, 자연적(自然的) 공간, 상징적(象徵的) 공간 쪽에서만 탐색해 보려 한다.

### 1. 인위적 공간

인위적 공간은 자연적 공간과 상대되는 개념으로 개인적 내면에서 작용되는 심상(心象)이나 삶의 체험, 삶과 죽음의 관계, 회상 등 여러 개의 공간으로 나눌 수 있으며, 인간과 인간과의 관계에서 생기는 인사(人事)적 대상 존재와의 상관성, 그리고 가정, 사회, 국가, 등을 공간화 하는 집단으로서의 공간 등으로 나눌 수 있을 것이다. 먼저 개인적인 정서를 노래한 시조의 공간성을 알아보고자 한다.

> 마른/ 나뭇가지/ 죽지 접은 작은 새처럼//
> 물에 뜬/ 젖빛 구름/ 물살에 밀린 가랑잎처럼//
> 내 이미/ 늙고 지쳤지만/ 세상이 호젓해서 좋고나.
>
> -「근황(近況)」 전문

위 작품은 연로한 시인으로서의 소회를 꾸밈없이 노래한 현실적이면서도 허탈감이 진하게 묻어나는 작품이다. 여기에서 시의 텍스트는 "새"인데 새라는 동물은 원래 자유분방하게 날아다닐 수 있으며, 푸르고 높은 창공으로 힘차게 비상하는 대상물인데 이 작품에서는 새가 '죽지 접은 작은 새'로 표현되어 점차 왜소해져가는 자신의 심경을 노래하고 있어 인생의 허무감이 숨김없이 그대로 나타난다. 중장의 '가랑잎' 또한 튼튼한 나뭇가지에 매달려 푸르름을 자랑하는 녹음(綠陰)이 아니라 퇴색된 모습으로 가지로부터 떨어져 바람 부는 대로 나뒹구는 무의지(無意志)의 표상이다. 이러한 비유를 통해 시인의 현존적(現存的) 공간을 읽게 되는데 이 현존 공간은 국가나 시대상을 대변했다기보다는 초정 개인적 공간의 하나로서 긴 인생길을 걸어온 나그네가 마침내 고향에 돌아와 의욕이 다소 침체된 안식을 취하는 상황을 그리고 있다.

꽃그늘/ 섬돌 위에/ 신발을 벗던 여인.//
돌아본/ 그의 눈매/ 가지마다 망울지니//
오늘은/ 휘날리던 그 옷자락/ 꽃구름을 띄우네.

-「환생」 전문

위 작품은 불교적 윤회 사상을 바탕으로 한 작품인데 죽은 여인의 혼이 꽃으로 환생한다는 생성(生成)과 소멸(消滅)의 이치를 노래하고 있다. 살아있는 것은 언젠가는 사라지게 되고, 사라졌던 것들은 언젠가는 다시 환생할 것이라는 불교적 윤회 사상이 진하게 배어 있다. 이것은 어쩌면 정(正), 반(反), 합(合)의 변증법적인 논리에서 인생을 바라본 것이라 하겠다. 그러나 이러한 논리의 전개는 달관의 경지에 다다른 사람들만이 읽을 수 있는 현실 초월적(超越的)인 공간이라고 생각된다.

잊음을 못가지면/ 괴로움이 없었거나/
괴로움 가졌거든/ 생각이나 흐리거나/
밤마다 깃을 벌리고/ 가슴 속을 덮는 것….

자는 체 누웠으면/ 밤도 거진 이슥한데/
고운 손길같이/ 달래고 쓰다듬고/
애젓한 그리움인양/ 몰래 찾아 오는 것.

-「번뇌」 전문

위의 작품은 육신의 아픔으로부터 엄습해 오는 번뇌나 후회 등을 통하여 정신적 아픔으로까지 번져가는 상황을 그리고 있다. 이러한 육체적 또는 정신적 아픔은 생명이 있는 사람이라면 누구나 할 것 없이 겪어본 일로서 이를 극복하기 위한 우리 인간들의 노력은 필사적이라 할 수 있다. 그리하여 생체험(生體驗)의 공간을 해탈적 내지는 초월적 공간으로 이동시키고 있는데 초정의 경우 달관적, 초월적 공간이 이에 해당된다고 볼 수 있겠다.

꽃피자 비바람도/ 어찌 이리 잦을런고/
성기고 어린 가지/ 부질없이 흔들어서/
오가는 진흙발 아래/ 이러 저리 밟힌다.

-「애정」 전문

어디서/ 그 나무는/ 어떻게 지내고 있노//
벌레 먹어/ 구멍이 뚫리고/ 죽지는 얼마나 찢겼노//
이 겨울/ 허리가 휘도록/ 쌓인 눈을 또 어찌 견디노.

-「안부」 전문

「애정」은 시적 공간을 조선 시대로까지 끌고 간 듯한 느낌을 준다. 이 시조 자체만 놓고 보면 그것은 단순한 자연을 노래한 시조일 법도 하고, 혹은 조선시대의 사색당쟁을 풍자했다고 보아도 전혀 어색하지 않은 작품이다. 시인 스스로도 이런 점을 염두에 두었었는지 이 시조의 주제를 원초적 생명의 근원성에 대한 애정과 애정(哀情)의 변주라고 주석을 달며 다음과 같이 피력하였다.

그는 이미 태 안에서 외로움과 슬픔을 가져 나오고 다시 뼈저린 아픔과 온갖 집적거림 속에 사는지라 그의 지닌 자 모든 애정(愛情)

은 오로지 애정(哀情)이었다.[5]

여기서의 서사는 이 시조가 인생 상징임을 암시한다고 임선묵은 지적하고 있다.[6]

「안부」는 인사(人事)적 진술로서 개인적 인접 공간에 대인관계의 공간을 설정하고 있음을 간파해 볼 수 있다. 좁게는 부모가 객지에 나가 있는 자식을 걱정하는 듯도 하지만, 좀 더 시야를 넓혀 본다면 외국에서 조국의 번영을 위하여 불철주야 고심하던 애국지사들의 고충을 그렸다고도 볼 수 있는 시적 공간이 매우 넓은 작품이라고 볼 수 있다.

눈을 가만 감으면/ 구비 잦은 풀밭길이/
개울물 돌돌돌/ 길섶으로 흘러가고/
백양숲 사립을 가진/ 초가들도 보이구요.

송아지 몰고 오며/ 바라보던 진달래도/
저녁 노을처럼/ 산을 둘러 퍼질 것을/
어마씨 그리운 솜씨에/ 향그러운 꽃지짐!

어질고 고운 그들/ 멧냄새도 캐어오리/
잡잡 끼니마다/ 봄을 씹고 사는 마을/
감았던 그 눈을 뜨면/ 마음 도로 애젓하요.

-「사향(思鄕)」 전문

---

5) 김상옥, 시조 「애정」의 서사
6) 임선묵, 『시조 시학 서설』, 단국대 출판부, 1981

「사향(思鄕)」은 유랑하던 시절에 언어로 그린 풍경화이자 풍속도라고 본 임선묵의 해석은 참으로 절묘하다.

헐벗으면 떨리고 굶주리면 허덕이듯 시도 또한 이처럼 견디지 못해 써 옵니다. 왼갖 거짓과 불의 속에 살아도 다시 그것 없는 곳에 따로 조그만 푸른 하늘을 가지자니 어지 망명 같은 외로움과 괴로움이 없겠사옵니까?[7]

이 진술은 매우 중요한 의미를 갖고 있다. 대부분의 문인들이 그러하듯 쓰지 않고는 못 배길 절실한 욕구가 빚어낸 시적 공간은 "남몰래 지닌 보배"였기에 언어 하나하나는 "참된 넋의 속삭임"이 되기도 하지만 그보다는 쓰지 않고는 못 배길 절실한 욕구가 빚어낼 시적 공간이 인사(人事)적 공간에서 자연스럽게 자연적(自然的) 공간으로 이동되는 단초가 되기 때문이다.

### 2. 자연적 공간

자연적 공간에는 나무가 있고 꽃이 있고 강이 있으며 사계절이 있다. 자연 공간은 계절의 공간, 꽃이 있는 공간, 물이 있는 공간이 중심을 이루고 있는데, 초정은 사계(四季) 중에서도 유독 가을과 겨울 공간을 즐겨 설정하고 꽃으로는 목련을 많이 설정하고 있다.

허구헌 나날 눈익힌 길은/ 다시 서툴고//

---

7) 김상옥, 「초적」 후기, 수향서원, 1947

더는 내려설 수 없는/ 그 어느 돌계단//
또 뉘가/ 낭자한 인육(人肉)으로/ 저 아픔을 찍는가.

-「가을 뜨락에 서서」 넷째 수

불현듯/ 일어서도/ 어디고 갈 데 없다.//
날도/ 가을도/ 다 저문 이 하늘에//
잎잎이/ 헛것이 된 양/ 흩날리고 있었다.

-「조락(凋落)」 전문

초정의 가을을 노래한 시조는 대부분의 시조가 하강적(下降的) 이미지를 그리고 있다는 데에 주목할 필요가 있다. "더는 내려설 수 없는 / 그 어느 돌계단"이나 "갈 데 없고" "저문 하늘"이 제시하듯이 하강의 이미지를 동원하고 있다. 이러한 해석은 가을을 오곡백과가 풍성한 원숙한 계절이 아니라, 조락(凋落)과 소멸의 계절로 그리고 있다는 점에서 자신의 삶을 되돌아보며 조용히 반추해 보는 심정을 서술하고 있다.

### 3. 상징적 공간

초정이 새로이 설정한 공간이 역사적 과거 세계인 경우 상실, 차단된 역사의식을 현실에 편입시킴으로써 현실적 삶의 공간을 확대하고자 하고, 불교적 초월 공간 역시 현실 지향적 상징 공간으로 볼 수 있다. 달리 말하면 공간의 확대 내지 승화된 곳으로의 이동을 위한 정신 이동으로의 상징을 뜻한다고 본다.

찬서리 눈보라에 절개 외려 푸르르고

바람이 절로 이는 소나무 굽은 가지
이제 막 백학 한 쌍이 앉아 깃을 접는다.

드높은 부연 끝에 풍경소리 들리던 날
몸사리 기달리던 그린 임이 오셨을 제
꽃 아래 빚은 그 술을 여기 담아 오도다.

갸우숙 바위틈에 불로초 돋아나고
채운 비껴 날고 시냇물도 흐르는데
아직도 사슴 한 마리 숲을 뛰어드는다.

불 속에 구워내도 얼음같이 하얀 숨결
티 하나 내려와도 그대로 흠이 지다.
흙 속에 잃은 그 날은 이리 순박하도다.

-「백자부」 전문

위 시조는 독자들이 잘 아다시피 초정의 대표작으로 불리는 작품이다. 백자 자체의 고아함을 그려내는데 그친 것이 아니라 동양의 신비와 한국의 멋을 응집시켜 잘 빚어낸 작품이라는 평을 듣고 있다. 이 백자(白磁)에 어울리는 분위기는 드높은 부연 끝의 풍경소리가 그윽한 산촌에서 목마르게 기다리던 임과 함께 하는 곳, 거기에 꽃 아래 빚은 술을 담아와 술을 나누며 회포를 푸는 정경이다. 인내와 극복과 정제와 운치와 향기어린 미적 감정이 함축된 백자로서의 미적 공간을 유감없이 발휘하고 있다. 소나무도 미끈하게 쭉쭉 뻗은 소나무가 아니라 세월과 고난과 비바람의 풍상을 겪을 대로 겪고 나서 인생의 쓴 맛 단 맛이 녹아들어 멋이 깃든 굽은 가지의 소나무라야 제격이다. 한국적인 정서와 낭만과 미의식이 투영된 한 폭의 동양화로서 격조를 한껏 지니고 있는 작품이다. 거기에 불로초, 사슴, 채운(彩雲), 바위틈, 시냇물 들을 불러들여 한 개 백자에 모두 담아 놓은 자연적 공간의 상징이라 할 수 있다.

지긋이 눈을 감고 입술을 추기시며
뚫린 구멍마다 임의 손이 움직일 때
그 소리 은하 흐르듯 서라벌에 퍼지다.

끝없이 맑은 소리 천 년을 머금은 채
따수히 서린 입김 상기도 남았거니
차라리 외로울망정 뜻을 달리 하리오.

-「옥적」 전문

옥적에서는 과거와 현재라는 시간상의 교차를 따라 고매한 민족혼이 옥피리에 올려져 진술되고 있다.[8] 시적 공간을 현대에서 멀리 신라 시대로 안내하고 있다. "차라리 외로울망정 뜻을 달리 하리오" 라는 시구(詩句)는 지절(志節)에 해당될 것이다. 역사적 전통을 무시하거나 단절하지 않는다는 것은 주체의식과 연관되고 여기서 한 걸음 더 나아가면 시대를 초월한 항존적(恒存的)인 삶에 가치를 둔다는 것으로 해석할 수 있다. 「옥적」은 시간적으로는 신라적 악기에 불과하나 공간적으로 현존함으로 해서 시간성을 극복한 공간적 존재물로서 예나 지금이나 지속적인 동일성이 여기에 확보되는 것이다.

---

8) 유성규, 「초정 김상옥의 시세계」, 시조생활, 1989, 여름호

이것은 민족혼으로서의 동일성을 바탕으로 일제의 합방으로 상실된 민족 개념을 현존시키는 데에는 시간성을 극복할 수 있는 공간적 사물에 동류항의 민족혼의 개념을 그려냄으로써 가능한 것이다.

## Ⅳ. 결론

이미지를 형성하기 위한 시적 공간은 의식의 공간이지만, 그것은 가시적인 구체적 실재(實在) 공간으로 지향하게 되고, 실재적 공간과 가장 근접하게 나타날 때, 이미지는 구체적으로 독자의 의식적 시야 속에 나타날 것이다. 초정의 시조는 인사적(人事的) 현실 공간과 관조적(觀照的) 자연 공간을 수평축으로 하고, 역사의식과 종교적 상징 공간으로 수직축을 이루고 있다. 그는 자기 수양과 자기 성찰을 통하여 이를 극복하고자 하였다. 또 초정의 시조는 자연의 순수한 모습, 향토적이고 소박한 정취 등을 관조적으로 표현하고 있어 초정에게 있어 자연은 현실적 고뇌에 대한 대응이나 적응을 위한 것이라기보다는 객관적인 대상 그 자체로 존재함을 발견할 수 있다.

현대시조의 창작 활동이 형식면에서 전통성을 고수하든지 또는 현대성을 추구하든지 그것은 대립적 관계가 아닌 상보적 위치에서 다 같이 시조의 미학을 탐구하는 동시에 현대시조의 발전에 기여하는 방향으로 전개되어야 할 것이다.

다시 말하면 현대시조는 전통을 창조적으로 계승하여 발전시키며 문학의 한 장르로서 확고한 위상을 확보하고 한국시의 정체성을 지켜나가는 데에 큰 몫을 감당할 수 있을 때 현대시조의 존재 의미가 있을 것이며 시조시인으로서의 숭고한 사명을 감당하는 일이라 하겠다.

※ 참고문헌 : 생략

# 현대시조의 위상과 공간성 고찰

## -백수 정완영 시조를 중심으로-

### 1. 현대시조의 위상

한국 시가(詩歌) 문학사(文學史)에서 가장 오랜 기간 동안 그 명맥(命脈)을 유지하고, 또 현대에 이르러서까지도 계속 왕성하게 창작되고 있는 문학의 한 장르가 시조(時調)라는 사실은 잘 알려진 이야기다. 이처럼 시조가 오랜 기간 동안 끈질긴 생명력을 가지고 이어져 올 수 있었던 까닭은 무엇보다도 시조의 형식과 미의식(美意識)이 우리 민족의 호흡에 가장 친숙하고 자기(自己) 동일적(同一的) 체험 방식이기 때문이다.

시조(時調)는 우리 민족 고유의 문학이다. 시조는 고려말에 이미 그 형태가 갖추어져 오랜 세월동안 면면이 이어져 오면서 그 형식이 다듬어지고 내용이 더욱 심화되어 왔다. 정제된 3장(章)형식은 구조적인 특성을 갖추며 독특한 문학 영역으로 자리 잡아 왔다.

그러나 갑오경장이나 해방과 같은 급변하는 사회 현실 속에서 시조는 새로운 문화와 자유시의 물결에 휩쓸려 전통적인 시조 양식은 흔들리며 훼손되기도 하고 복구되기도 하며 새로운 시조상(時調像)을 구축하여 왔다.

현대시조에 관한 그 동안의 논의에서 주목할 만한 성과들이 나타나기도 하였지만, 우리 문학의 대표적인 장르임에도 불구하고 그 정통성과 주체성에 대한 이론적 정립이 제대로 확립되지 못한 채 오늘에 이르게 되었음은 부인하지 못할 형편에 이르렀다.

시조가 명실공히 민족문학이라면 필연적으로 특수성(特殊性)과 개별성이 전제되는 것이 사실이지만 그 특수성, 개별성은 예외적인 현상이 아니라 체계라야 할 것이고, 그 체계는 궁극적으로 보편성으로 이어져야 한다는 게 필자의 생각이다. 시조문학 작품은 그 작자(作者)가 장르의 양식적 관습을 어떻게 이해하고 받아 들이냐에 따라 그 장르의 구조적 원리가 이해되고, 그 장르적 관습의 이해 결과는 작품으로 구체화된다. 문학을 설명하고 존재를 해명하기 위하여 선택된 고전적인 범주는 크게 나누어 시간(時間)과 공간(空間)이 될 것이다. 인간이 이룩한 문화를 해독하기 위한 방법으로 고대(古代)로부터 많은 사람들이 그 인식(認識)의 근거를 시간(時間)과 공간(空間)이라는 두 범주에 주어왔다. 즉 문학은 시간과 공간이 공존하는 예술이다. 그럼에도 많은 철학가, 문학 이론가들은 문학을 시간의 특수한 경험 양식으로 파악해 왔다.

물론 문학에 있어서 시간문제가 중요시되는 이유는 자아의 개념과 불가분의 관계를 맺고 있기 때문이며, 존재 문제와 밀착되는 것이기 때문이다. 그리고 현대문학에서 시간문제가 가장 보편적이고 지배적인 테마로 취급되어 온 것은 인간의 마음에 시간 의식이 강하게 내재(內在)되어 이것이 강박관념으로까지 돌아갔기 때문이라고 볼 수 있다.

그러나 시인과 작품은 시간적인 존재이면서 동시에 초시간적(超時間的)인 것에 참여하고 있다. 따라서 문화적 존재는 정신과 역사라는 두 개의 축에 동시적으로 활동하며, 이 양자는 상호모순적인 듯하면서 문학의 내적인 총체성 속에서 인식되지 않으면 안될 것이다.

## 2. 공간(空間)의 의미

시조가 언어라는 매체를 이용하여 인간의 이미지를 나타내는 것이라고 볼 때, 표현 매체인 언어의 활용에만 급급할 것이 아니라 표현된 언어가 가지는 그 이면(裏面)의 뜻, 즉 숨겨진 이미지를 얼마나 효용성 있게 나타내느냐 하는 데에 초점을 맞추어야 한다.

노자(老子)는 공간을 설명함에 있어 우리들이 진흙으로 그릇을 만들지만 그릇을 쓸모 있게 하는 곳은 그릇을 만들고 있는 흙이 아니라 그릇 안쪽의 빈 공간이라 하여, 그 자체가 실재(實在)하지 않는 빈 공간으로서 공간 속에 담겨진 공간의 우월(優越)함을 말하였다. 플라톤의 생각도 이와 비슷한데 그는 물질 현상 세계는 이보다 앞선 본질로서 무한한 이데아가 기호학적(記號學的)질서에 의해 유한(有限)하게 제한된 것으로 보았다.

아리스토텔레스는 문학을 정의함에 있어 모방론(模倣論)을 주창하였는데, 아리스토텔레스가 말하는 미메시스(Mimesis)의 이론은 바로 자연이라는 감각적 인식의 대상을 의미하는 것이 아니라 불가시적(不可視的)인 세계에 내재한 우주의 질서, 즉 로고스(Logos)의 세계를 지칭하는 것이다. 여기에서 로고스의 세계, 즉 자연의 보편적 질서라는 것은 인간의 삶과 존재를 해명하고 혼돈의 세계를 벗어나기 위하여 선택된 시간(時間)과 공간(空間)의 질서를 의미한다.

이렇듯 문학에 대한 인식의 근거는 시간(時間)과 공간(空間)의 두 범주에서 시작된다. 좀 더 아리스토텔레스의 고전적 인식의 방법으로 시간과 공간을 설명한다면 시간의 질서를 모방하는 분야는 플롯(Plot), 리듬(Rhythm), 문법 따위이고, 공간의 경우는 사상(思想), 이미지(Image), 성격 등이 해당된다.

시적 상상력이 인간의 총체적 정신 속에서 갖는 의의를 문학이란 과학과 대립되기보다는 과학과 비슷한 차원에서 세계를 인식하게 하는 또 다른 방법이라는, 이른바 문학의 인식론적 측면에 있다고 보며, 세계 인식 수단으로서의 상상력을 시적(詩的) 공간(空間)을 빌어 강조되기도 한다.

## 3. 공간성(空間性)이 갖는 기능(機能)

시 창작 과정의 대체적인 경우는 지각(知覺)에 의한 외적(外的) 경험(經驗)을 통해서 직관된 상(像)이 언어를 통해서 사유(思惟)를 거쳐 표출되게 된다. 그러니까 대상이 선(先)이 되고 표출이 후(後)가 된다. 이 말은 대상이 가지는 공간(空間)이 있으므로 해서 사람의 의식에 그 대상의 공간을 표출케 하는 시적(詩的) 공간이 생기게 된다는 말이다. 시가 언어로 표현될 때 그것은 언어가 가지는 공간(空

間) 때문에 표상(表象)되어지는 것이고, 이미지로 표현될 때 이미지가 가지는 공간 때문에 그 표현이 가능해진다는 논리이다. 시에 있어서의 공간의 기능이란 시적 공간을 형성하게 하는 동인(動因)을 의미한다. 인간의 내면생활에 있어서 공간의 기능은 철학 이론에 있어서도 언제나 중심적 과제가 되어 있음은 주지의 사실이다.

현대문학의 특징 중에 하나는 상상력이라는 정교하고 복잡한 기교이다. 시에서 특히 적용되는 이 상상력은 꿈, 환상, 연상(聯想)과 같은 가장 주관적인 경험 속에서 나타나게 되고 이것이 문학 작품으로 형상화 될 때 재생적 상상력, 미학적 상상력이 작용하게 된다. 이것은 시간적인 연속으로서 진행되어지는 것이지만 공간의 질서와 법칙에 의해서 필연적으로 재구(再構)되어지는 것이다. 그러므로 한 편의 시에서 비현실 공간에서 현실 공간으로 전이(轉移)된 상태로 나타나게 될 때, 은유는 이 두 세계를 하나의 시적 공간으로 형성시키는데 중요한 역할을 한다. 이 공간은 물론 확대된 상태로 나타날 수도 있고, 축소된 상태로써 나타날 수도 있다. 그것은 전이되는 방향에 따라 달라지게 된다. 예를 든다면 현실 공간에서 비현실 공간으로의 전이를 확대로 파악했을 때 그것은 확대 공간이 되고, 반대의 방향으로 전이될 때 축소 공간이라 할 수 있다.

## 4. 현대시조에 나타난 공간적 이미지

현대문학 이론 중의 하나인 공간성이 시조에서 어떻게 나타나고 있는지에 대하여 한 번 쯤 생각해볼 일이다. 시조의 공간론적 입장은 여러 가지로 논의될 수 있겠는데 본고(本稿)에서는 白水 정완영 시인의 시조를 대상으로 관념적 공간과 감각적 공간을 다룬 작품만을 대상으로 한 작품씩만 언급하고자 한다.

1)관념적 공간의 시조

행여나 다칠세라
너를 안고 줄고르면

떨리는 열 손가락
마디 마디 에인 사랑

손닿자 애절히 우는
서러운 내 가얏고여.

둥기둥 줄이 울면
초가 삼간 달이 뜨고

흐느껴 목메이면
꽃잎도 떨리는데

푸른 물 흐르는 정에
눈물비친 흰 옷자락.

통곡도 다 못하여

하늘은 멍들어도

피맺힌 열 두 줄은
굽이굽이 애정인데

청산아, 왜 말이 없이
학처럼 여위느냐.

-「祖國」 全文

위 시조는 白水의 1962년 조선일보 신춘문예에 당선된 작품이다. 시적 화자의 조국에 대한 간절한 사랑을 우리의 전통 악기인 가야금에 의탁하여 노래한 이 시조는 가장 정한(情恨)스러우면서 가장 적절한 박자 감각을 띄는 작품이다. 여기서 너는 가야금이면서 조국이다. 즉 전통적인 우리 민족혼이 서려있는 가야금을 조국으로 상징화하여 독자로 하여금 한 많은 우리 민족임을 환기시키고 있다. 백수(白水)에 있어서 조국이니 민족이니 하는 관념은 개별적이고 피상적 입장에서 보는 막연한 의미의 수용이 아니라 하나의 구체적 관념의 지표로서의 어머니였고 영혼이었으며, 절대적인 자아(自我)로서의 관념적 대상이었던 것이다.

2) 감각적 공간의 시조

사흘 와 계시와가 말없이 돌아가시는
아버님 모시두루막 빛 바랜 흰 자락이
왠 일로 제 가슴 속에 눈물로만 스밉니까.

어스름 짙어오는 아버님 여백 위에
꽃으로 비쳐 드릴 제 마음 없사오매
생각은 무지개 되어 고향길을 덮습니다.

손 내오면 잡혀질 듯한 어린 제 시절이온데
할아버님 닮아가는 아버님의 모습 뒤에
저 또한 그날 그때의 아버님을 닮습니다.

-「부자상(父子像)」 全文

이 작품은 아들을 찾아온 아버지와 아들 사이의 오붓한 정을 나눈 뒤 아쉽게 작별하고 돌아가는 아버지에 대한 정을 읊은 작품이다. 이 작품은 시어(詩語)의 세심한 선택과 절약 및 조탁이 절묘하여 우리 말의 감각성을 훌륭하게 살려낸 작품이다. 아들의 눈에 비친 아버지의 모습이 각 장(章)마다 시각적 이미지로 잘 표현되고 있다. 〈아버님 모시두루막 빛바랜 흰 옷자락이〉에서 낡은 흰 모시두루마기를 입은 채 말없이 돌아서 가시는 아버님의 뒷모습이 풍기는 끈끈한 부자간의 정을 시각적인 색채 언어로 잘 묘사하고 있다.

둘째 수 초장에서는 여생이 얼마 남지 않은 아버지에 대한 회한(悔恨)과 아쉬움이 시각적 이미지로 나타나 있고, 종장에서는 고향에 대한 향수를 시각적 이미지로 표현하고 있다.

## 5. 맺음말

현대시조에서 나타날 수 있는 공간성의 이미지는 무척 다양하다.

인위적 공간과 자연적 공간, 상승적 공간과 하강적 공간, 관념적 공간과 감각적 공간들은 평면상에서 대립되기보다는 이쪽과 저쪽 끝에서 상대적으로 대응한다고 보아야 할 것이다. 평면적 공간보다 입체적 공간의 시적 구성이 시적 공간의 이미지에 구체적 작용을 한다는 사실에 우리는 주목해야 할 필요가 있다.

현대시조가 설정했거나 확보한 시적 공간들은 궁극적으로 현실 상황에 적응하고자 관념적 공간을 설정하여 안주(安住)하거나 현실적인 구원을 시사하기도 한다. 하지만 시적 공간은 인간의 상상력이 보다 새로운 삶을 지향하기 위해 설정되고 확보한 또 다른 세계라는 사실은 부인할 여지가 없다.

시인들은 저마다의 보다 나은 삶을 실현하기 위한 시적 공간을 확보하고 이를 소유하고 방어함으로써 행복을 향유하고자 하는 것으로 보아야 할 것이다.

# 현대시조의 공간성에 대한 소고

## 1.공간(空間)이란 무엇인가?

시조(時調)가 언어라는 매체를 이용하여 우리의 이미지를 나타내는 것이라고 볼 때 표현매체인 언어의 활용에만 급급할 것이 아니라 표현된 언어가 가지는 그 이면(裏面)의 뜻, 즉 숨겨진 이미지를 얼마나 효용성 있게 나타내느냐 하는데 주안점을 두어야 한다.

최근 시조(時調) 문학(文學) 연구의 흐름을 감지해 보면 대부분이 작가(作家)연구나 작품(作品)연구, 아니면 자수론(字數論)에 근거한 시조(時調)의 형식적인 면에 치우치는 경향이 많음을 알 수 있다. 따라서 현대(現代) 문학(文學) 이론(理論) 중의 하나인 공간성(空間性)이 시조에서는 어떻게 나타내고 있는지에 대해서는 거의 연구되지 못하고 있다.

공간을 구성할 수 있는 요소 가운데 최소의 필요량은 점 3개를 들 수 있다. 점 3개가 적절한 위치에 배치된다면 삼각형이 이루어지는데 이는 가장 기본적인 평면적 공간이 되는 것이다. 그 평면 위에 점 하나를 더한다면 비로소 3차원의 입체 공간이 형성됨을 알 수 있을 것이다.

아리스토텔레스(Aristoteles)는 문학을 정의함에 있어 모방론(模倣論)을 주창하였는데 아리스토텔레스(Aristoteles)가 말하는 미메시스(Mimesis)의 이론은 바로 자연(自然)이란 감각적 인식의 대상을 의미하는 것이 아니라 불가시적(不可視的)인 세계에 내재(內在)한 우주의 질서, 즉 자연의 보편적 질서라는 것은 인간과 삶과 존재를 해명하고 혼돈의 세계를 벗어나기 위하여 선택된 '시간(時間)'과 '공간(空間)'의 질서를 의미하는 것이다.

이렇듯 문학에 대한 인식의 근거는 '시간(時間)'과 '공간(空間)'의 두 범주에서 시작된다. 좀 더 아리스토텔레스(Aristoteles)의 고전적 인식의 방법으로 '시간(時間)'과 '공간(空間)'을 설명한다면 시간(時間)의 질서를 모방하는 문학의 분야는 플롯(Plot), 리듬(Rhythm), 문법 따위이고, 공간(空間)의 경우는 사상(思想), 이미지(Image), 성격 등이 해당된다.

## 2. 시적(詩的) 상상력(想像力)과 공간성(空間性)

최재서는 상상을 현재의 지학(知學)과 과거의 경험을 연결하는 한 과정으로 파악하고자 하였다. 그에 의하면 과거의 체험은 구체적으로 기억 속에 축적되어 있는 이미지들의 총화(總和)이므로 상상은 기억 속에 보존된 이미지들을 선택하고 이것들을 새로운 통일체로 결합시킨다. 여기에서 이미지를 끌어내는 과정으로서의 상상은 체험과 체험을 고리로 묶고 엮어낸다는 점에서 사물의 변형(變形), 이

전(移轉), 치환(置換)과 등가치(等價値)가 되어진다.

시조(時調) 상상력(想像力)이 인간의 총체적 정신 속에서 갖는 의의를 문학이란 과학과 대립되기보다는 과학과 비슷한 차원에서 세계를 인식하게 하는 또 다른 방법이라는, 이른바 인식론적 측면에 있다고 세계 인식 수단으로서의 상상력을 시적(詩的) 공간(空間)을 빌어 강조되기도 한다.

상상력의 독자성에 대한 논증으로서 시적(詩的) 교감(交感)의 현상을 들 수 있다. 시적(詩的)교감(交感)은 상상력의 보편성이라고 할 수 있는데 이것은 외계(外界)대상의 이미지를 받아들여, 그것을 스스로 이상적인 것으로 삼고 있는 상태로 변화시켜 가는 상상력의 작용이 시인(詩人)과 독자(讀者) 양쪽에서 같은 수준으로 나타날 때 시적(詩的) 교감(交感)은 가능해진다.

따라서 시(詩)의 공간(空間)은 시적 상상력에 의해 창출된 일종의 소우주이므로 현대시조에서의 공간도 이런 차원에서 논의 되어야 한다.

### 3.시조(時調)에 나타난 공간적(空間的) 이미지

동지(冬至)달 기나긴 밤을 한 허리 베어내어
춘풍(春風) 이불 아래 서리 서리 넣었다가
어른님 오신 날 밤이어든 굽이굽이 펴리라

-황진이

임과 함께 하지 못하는 동짓달의 밤 시간은 상상을 초월할 만큼 길고 지루한 시간이다. 그 긴 밤을 절반쯤 싹뚝 잘라내어 몸 가까이에 소중하게 간직했다가 그리운 임이 오시는 날 긴요하게 꺼내어 오래오래 임과 함께 만단정회를 풀어보겠다는 시조이다.

이 시조는 여인의 사랑 표현을 극도로 억제하던 시대에서 본능으로 저항하는 개별적 체험의 서정적 세계를 나타내고 있다. 특히 농익은 정염과 긴 밤이라는 시간적 대상을 '베어내어' 보관했다가 공간으로 바꾸어 활용하겠다는 기법이 곡진하고 뛰어난 작품으로 〈가시리〉와 같은 선상(線上)에 놓을 수 있는 가작(佳作)이라는 평을 받고 있다.

또 하나 공간 형상화에 성공한 정 철의 시조를 한 편 보자.

물아래 그림자ㅣ ㄷ리우히 듕이 간다.
더 듕아 게 잇거라 너 가 ㄴ듸 ㅣ무러보자
막대로 흰구름 ㄱ ㄹ치고 도라 아니 보고 가노매라

-정 철

이 시조는 수직축과 수평축을 교묘하고 완벽하게 형상화하고 있다.

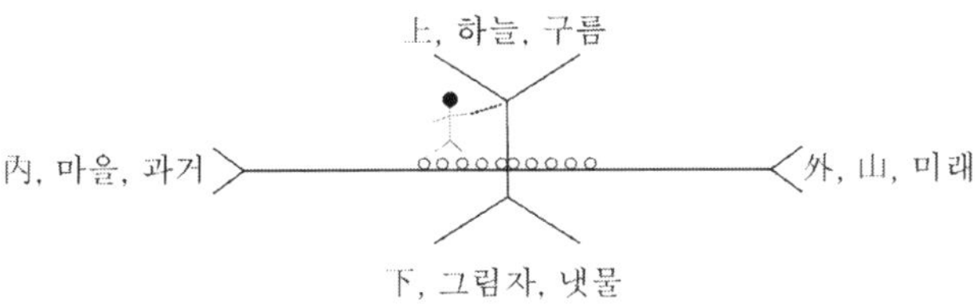


이 시조의 구조를 이어령은 다음과 같이 분석하였다.

1) 수직축의 3원 구조
- 상(上): 하늘, 구름
- 중(中): 다리, 중
- 하(下): 물아래, 그림자

2) 수평축의 3원 구조
- 내(內): 출발점, 마을, 속(俗), 과거
- 경계(境界): 현재, 다리, 성속(聖俗)의 경계
- 외(外): 지향하는 목표점, 산(山), 성(聖), 미래

## 4. 화자(話者)의 공간(空間)과 시점(時點)의 방향

하(下)에서 상(上)으로 수직적 이동: 물아래, 다리 위, 흰구름

내(內)에서 외(外)로 수평적 이동: 중, 묻다, 걸어가는 방향

따라서 이 시조는 과거와 현재와 미래가 공존하고 있고 하늘과 육지와 물 아래 등 수직 공간이 공존하고 있어 수직, 수평 공간의 자리함을 발견할 수가 있으며 공간의 시적(詩的) 이미지에 성공한 작품이라고 할 수 있다.

> 한 자국 또 한 자국/ 오르는 벼랑길을
> 구슬땀 솟아 서려/ 성에 낀 안경인데
> 길잡이/ 없는 갈림목/ 서성서성 오른다.
>
> -김영환 〈산오름〉 전문(全文)

여기에서 구슬땀은 고뇌와 갈등과 불안과 번민 고통을 사징하는

시어(詩語)이며, 안경에 성에까지 끼어 부옇게 흐려진 상황이고 보면, 지향하는 바 이데아의 세계는 아득한 예측불허의 땅이며 불확실한 세계이다. 이 시조가 보이는 기호론적 시의 공간을 그림으로 나타내 보면 다음과 같다.

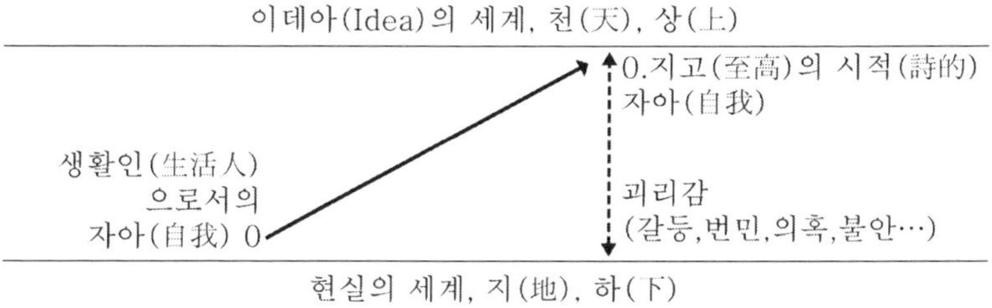


이 그림에서 지향하는 바의 경지가 높으면 높을수록 현실과의 괴리감은 커질 것이며, 그에 따른 번민과 갈등 또한 커질 것은 자명한 일이다.

어쨌든 우리는 사물을 관찰함에 있어서도 다각적인 측면에서 바라보도록 해야 할 것이며, 작품의 표출 또한 다양한 이미지 표출에 함께 노력해야 할 것이다.

# 현대시조의 전통성과 거듭나기

## -대전권(大田圈)을 중심으로

### 1. 들어가는 말

시(詩)가 일상적(日常的)인 용법에서는 사용되지 않는 단어들을 흔히 사용하고 시(詩) 나름의 특수한 문법, 즉 심지어 일정한 시라는 좁은 범위를 넘어서는 근거가 없는 문법을 가지고 있다는 것이 사실이지만, 시는 또한 일상 언어와 똑같은 단어, 똑같은 문법을 사용하는 언어라는 사실 또한 부정할 수 없는 사실이다. 시조(時調) 또한 시(詩)이기 때문에 이러한 언어의 특성을 외면할 수 없다. 현대시조(現代時調)에 관한 그 동안의 연구에서 주목할 만한 성과들이 많이 나타나기도 하였지만, 우리 문학의 대표적인 장르임에도 불구하고 그 전통성(傳統性)과 주체성(主體性)에 대한 이론적 정립이 제대로 확립되지 못한 채 오늘에까지 이르게 되었음은 부인하지 못할 사실이다.

가장 민족적(民族的)인 것이 가장 세계적이라는 말에서 알 수 있듯이 개인이든 민족이든 그가 독자적인 세계를 이루어 놓았을 때 그것이 가장 빛나고 정상을 누릴 수 있다. 역사상 가장 민족주의적이었던 국가가 오늘날 문화대국으로 성장해 있는 것을 볼 때, 그들의 공통인

자(共通因子)는 자기민족문화에 대한 집념과 우월감의 결과이다.

오늘날 우리 민족들의 정서 속에 시조(時調)가 민족문학(民族文學)으로 확연한 대접을 받지 못하고 있다는 것은 우리 민족들이 자기 문화에 대한 애착과 확신을 갖지 못한 채 한민족으로서의 확실한 주체성이 결여되어 있기 때문이다. 본고(本稿)에서 논하고자 하는 전통성은 전대(前代)의 관습을 맹목적으로 답습하자는 이야기에서 출발하지 않는다. 전통에 대하여 조연현은 옛것인 동시에 현재에도 작용되고 있는 어떤 힘이라고 말하며 유물의 전승과는 전혀 그 성격이 다름을 밝히고 있다. 따라서 자기 탄력성을 회복하고 역량을 가속화시키기 위해서는 극대한 주체성의 확립과 끊임없는 발전 노력이 필요하다.

T.S.Eliot는 전통이 전세대(前世代)의 성과(成果)를 맹목적으로 추종(追從)하는 것이라면 전통은 확실히 저지되어야 하며, 되풀이되는 것보다는 오히려 신기(新奇)가 낫다고 말하며 전통이 창조적(創造的)인 전진(前進) 운동(運動)임을 표명했고, 조지훈도 전통과 인습과 개념을 혼돈하지 말 것을 강조하고 전통은 창조적 재료요, 창조는 전통의 방법이기 때문에 전통이 없는 창조, 창조가 없는 전통은 있을 수 없다고 말한 것에 대하여 우리는 주목해야 할 필요가 있다. 이런 면에서 필자는 가람문학 제19집(1999년 6월 30일 대교출판사 발행)을 바탕으로 특집 작품과 테마가 있는 작품은 주어진 목적성이 있기 때문에 배제(排除)하고 회원 신작을 중심으로 대전권(大田圈) 시인들의 전통성과 변화하고자 하는 몸부림을 알아보고자 하는 것이다.

## 2. 전통(傳統)의 숲 돌아보기

충절의 고장답게 선비 정신을 가꾸고 있는 작품들이 상당수 있다. 비교적 전통성을 고수하고 있는 작품들을 보면 다음과 같다.

쪽진 머리 가르마에 흐르는 절개의 얼
서리발 눈 속에서 피어나는 매화 향기
두 볼에 서려 흐르는 이도령의 그림자는

- 김길순 〈남원의 춘향에게〉 첫째수

김길순님의 작품에서는 먼 이조의 여인의 표상을 만난다. 전통성이 강한 시어들을 비교적 자연스럽게 구사하면서 시간을 초월하고 있다. '쪽진 머리, 가르마, 얼, 서리발, 매화' 등의 시어에서 한결같이 우리의 정서가 묻어나는 작품이다.

모깃불 지핀 연기 삼동처럼 일어나고
밀방석 눅눅한데 밝은 달 보노라면
어머님 부채바람에 단잠 곱게 들더니

초롱한 별을 세며 바라던 하늘 바다
궂은 땅 지척이다 덧없이 저문 길에
떠오른 보름달 하나 사무치는 그리움

- 김영환 〈달밤에〉 둘째, 셋째수

김영환님의 〈달밤에〉는 독자들을 유년의 세계로 몰고 가는 힘이 있다. 동산에 떠오른 달을 보면서 어릴 적 맷방석 깔아놓고 모깃불 지핀 마당에서 온 가족이 둘러앉아 이야기꽃을 피우는 정경을 회억하며 자애로우셨던 어머니를 그려내고 있다. 그런 화자(話者)의 마음을 헤어라는지 오늘따라 부시게 솟아 있는 달은 바로 어머니의 환생처럼 여겨지며 사무치는 사모(思慕)의 정은 극을 다하고 있다. 표현상의 특이한 기교는 보이지 않은 채 평이한 문장으로 읊었지만 사무쳐 오는 사모의 정 표출은 한 편의 작품으로서 손색이 없다 할 것이다. 한국적 정한(情恨)이 애절하게 흠씬 밴 작품이다.

어떤 날 목매는 놈 떼어다
"산 버릴라 더러운 놈아!"
"기왕 이 초막에서 깨끗이 굶다 죽어라"
내갈긴 호통이 분해
살아버린 이 칠순 잔치날-

- 박헌오 〈심우정사 木草스님〉 셋째수

박헌오님의 이 작품은 심한 패러독스와 아이러니를 느끼게 하는 작품이다. 일찍이 신춘문예 당선작품도 〈한식날〉이었던 것으로 기억하는데 박헌오는 우리 민족의 전통적인 정서를 현대 감각에 어울리게 접합시키려고 노력하고 있다. 사람들에게는 오기라는 것이 있다. 자살하려고 하는 사람에게는 깨끗이 죽으라니까 오기로 살아서 칠순을 맞은 사람의 삶을 보고 우리는 지조없다고 할 것인가? 역설적이고 재미있는 표현 방법이다.

영겁을 흘렀어도
지워지지 않는 업장

깨닫지 못한 무지
뉘라서 알았을까

한 꺼풀 벗는 아픔이
저렇게도 아플 줄을

- 서영자 〈껍질을 깨는 아픔〉 첫째수

서영자님의 〈껍질을 깨는 아픔〉에서는 조용한 산사(山寺)에서 차분히 마음 가라앉히고 불교의 설법을 듣는 듯하다. 한국인의 정서는 종교에 상관없이 아무래도 수천 년 우리 민족과 함께 맥을 이어온 불교 쪽에 가깝다고 말할 수 있다. '영겁, 업장, 부지(한 중생), 참회, 비는 정성, 전생 아픔' 등에서 보듯 불교적인 색채가 농후한 시어들을 구사하면서 전통적인 정서를 시조의 틀에 정형을 고수하며 비교적 편안하게 읽히는 작품이다.

동구 밖 눈 내리면
불어치는 바람마다
느티나무 삼킨 울음
저음(低音)으로 토해놓고
가다간 개도 얼어죽은
겨울날의 한복판

천일(千日)을 덜었어도

켜켜 쌓인 그리움에
또 다시 눈 내리고
애증(愛憎)의 세월 이고
장장한 동지(冬至)의 심정(心情)
잠든 혼을 깨우네.

- 임재룡 〈곡교리(曲橋里) 풍경〉 첫째, 셋째수

임재룡님의 〈곡교리(曲橋里) 풍경〉이다. 물론 곡교리는 임재룡 시인의 고향을 소재로 하면서 모든 이의 고향을 떠올리게 환치시키는 특유한 제유법으로서의 시골동네 이름이다. '느티나무 삼킨 울음 / 저음으로 토해놓고'나 '잔잔한 동지의 심정/ 잠든 혼을 깨우네'와 같은 시어(詩語)는 숱한 객지 생활 끝에 도저히 잊을 수 없는 유토피아로서의 고향을 떠올리게 하는 고뇌(苦惱)가 어린 시어(詩語)로서 쉽게 뽑아낼 수 있는 것이 아님을 알아야겠다. 임재룡은 시조의 현대화에 작품으로 노력하고 있는 대전의 젊은 시인임을 밝히며 앞으로 기대하는 바 크다.

## 3. 현실(現實) 감각(感覺) 채색(彩色)하기

다음은 시조의 틀을 유지하면서도 비교적 현대 감각의 표출에 나름대로 노력하며 그러한 기미를 보이고 있는 작품들을 가려보려 한다.

물 마른 강바닥에

돌개바람이 몰아친다
한 세대를 끌어당겨
기적 쌓던 한강 물빛
물굽이
무너진 뚝을
알몸으로 넘어온 강물

상류(上流)에서 내리는 물이
식곤증(食困症)을 앓고 있다
해묵은 가난을 엮어
바다 깊이 묻은 오늘
오만(傲慢)한
그 뱃전 위에
붉은 깃폭이 나부낀다.

- 김영배 〈적신호(赤信號)〉 전문(全文)

김영배님의 〈적신호〉는 지난 해(1998년) 엄청난 폭우 앞에 황토빛 벌건 강물이 강둑을 허물며 온 세상을 휩쓸다시피 한 아수라장 같았던 풍경을 한 맺힌 마음으로 그려내고 있다. 물론 표현 정서로 볼 때 전통성에 집착한 표현으로도 볼 수도 있지만 우리는 둘째 수에 주목할 필요가 있다. '상류(上流)에서 내리는 물'의 '식곤증(食困症)'은 지금 강둑을 허물고 무엇이라도 삼킬 것 같이 소용돌이치는 무서운 세력의 황톳물은 이 지방에서 내린 것만으로 이루어진 것이 아니다. 다시 말하면 소시민들의 잘못으로 초래된 일이 아니라는 것이다. 먼 상류에서 작은 물방울로 시작된 것이 누적되다 보니 하류 또는 들녘에서는 주체 못한 엄청난 힘을 가진 세력으로 변모된 것이다.

물론 이 작품은 예전에 쓰여진 것이지만 오늘날 고관 부인들의 밍크옷 사건이나, 평민들로서는 납득하지 못할 고액의 뇌물 사건은 모두 상류(上流)에서 이루어지고 있다는 사실과 연관 지어 볼 때 예사롭지 않은 작품이다. 윗물과 아랫물과의 끊어질 수 없는 애증(愛憎)의 역학관계를 한번쯤 생각하게 하는 가작(佳作)이라고 할 수 있겠다.

언덕밑 꽃그늘에 어둠이 내리고
부치고픈 사연은 입속을 서성인다
어디서 움트는 소리 은은히 들린다.

달 가린 먹구름이 떼로 몰린 하늘 아래
잎 못 피운 나무들이 죽음을 안고 떤다
버려진 빈방에 갇혀 바람이 슬피 운다.

- 유준호 〈서천의 봄밤〉 둘째, 셋째수

유준호님의 〈서천의 봄밤〉은 객지에서 서러운 밤을 맞는 나그네의 정서를 현대적인 필치로 그려내고 있다. 저녁은 모두에게 있어 회귀(回歸)의 시간이다. 살아서 움직이는 모든 것들은 보금자리를 찾아 돌아가는 시간에 돌아가 반겨줄 사람이 없는 빈방에서 슬피 우는 바람소리나 듣고 있는 하강적 이미지가 밤이라는 단어가 주는 소멸 의식과 어울려 쓸쓸함을 더욱 고조시키고 있다.

줄장미로 울을 친
내 마음

훨훨
날아도

헤아려 모낼 엽서
가시 정맥에
꼭 끼니
눈물로
서린 샛별 하나
늘
아쉬움만
깨문다.

- 김광순 〈서른 살 누드 3〉 전문(全文)

김광순님의 연작시조〈서른 살 누드〉이다. 이 작품은 제목부터 조금은 새롭고 우선 시행(詩行)의 배열에서부터 낯설게하기를 시도하고 있다.

우리 민족의 정서라 하여 작품 산출에 있어 옛것만 노래한다면 그것이 바로 전통은 아니다. 시조는 우리의 전통적인 문학 양식이되 시조가 포함하고 표출할 수 있는 내용은 얼마든지 새롭고 참신한 현대 감각을 담을 수 있다는 것을 우리 시조시인들이 몸소 보여 주어야 한다.

따라서 제목 하나하나에서부터 담길 내용에까지 매우 신중하지 않으면 시조가 살아남기 어려운 것이 현실이다. 그런 면에서 〈서른 살의 누드〉는 독자의 주목을 받기에 충분하다. 서정주의 국화를 굳이 연상하지 않는다 하더라도 먼 먼 삶의 뒤안길을 돌아 이제는 인생이 무엇인지 조금은 감(感)이 잡히기 시작하는 서러운 서른 살에 바라보는 자신의 누드, 조금은 선정적이고 조금은 한심할 것도 같아 한번쯤 읽어보고 싶게 하는 제목이라는 것이다. 이렇게 독자들의 시선을 끌 수 있는 방법을 우리 스스로 찾아보아야 할 것이다.

느릅나무 사잇길은 저 만치 내달리며
자꾸만 뒤처지는 발목을 잡아당기고
산까치 휘파람소리 하늘마저 취했다.

이끼낀 바위틈에 발저린 갈참나무
곁눈질로 배워익힌 가부좌 틀고앉아
산비알 불붙는 마음쯤 모르는 체 버려두고

- 유해자 〈가을 산사에서〉 첫째, 둘째수

유해자님의 시어는 늘 상큼한 맛이 있다. 모처럼 나선 나들이 길에 산길조차 신이 나서 '저 만치 내달리'지만 몸은 '자꾸만 뒤처지며 발목'이 말을 듣지 않는다. 그러나 산까치마저 휘파람을 불어대는 정경 묘사로 한껏 부푼 나들이 정경을 무리없이 실감나게 그려내고 있어 읽는 사람마저 마음을 들뜨게 하는 매력이 있는 작품이다.

당신 눈빛 고운 날
사랑의 끈 조여도 보고
6月 장마비엔
긴 매듭 풀어도 보고
이제사 조금은 보일 듯한

부끄러운 나이에 섰네.
이제 돌아가야겠네
유랑(流浪)의 끝자락에서
다시 출발하는 바람으로
가야 할 어머니의 땅
둥둥둥 북을 울리며
까치재 찾아야겠네.

- 이도현 〈바람의 귀향(歸鄕)〉 둘째, 셋째수

이도현님이 한 바퀴 생의 나이테를 그리며 쓴 자전적 작품이다. '사랑의 끈'도 조여 보며 삶의 '긴 매듭'을 풀어가며 엮어온 지난날의 내 모습이 '조금은 보일 듯한' 나이에 섰음을 시인은 부끄럽다 하였으나 어찌 보면 그것은 삶의 훈장일지도 모른다. 시작(詩作)에 있어 늘 새로움을 시도하여 이순(耳順)의 고갯마루에서 회귀(回歸)의 소회(所懷)를 그리고 있으나 다시 출발해야 할 바람임을 자처하는 시인의 자세가 의욕적이고 역동적이다.

노을 잠든 강물이 그리움만 토하다
하얗게 무서리로 나래접어 내리던 날
물안개 가슴을 풀어 맴을 돌다 가더니.

가로등 불빛 하나 어둠을 밀어내어
힘겨운 춤사위로 수면 위에 떠올리고
물여울 소리를 따라 방황하는 넋두리.

- 이흥종 〈안개〉 첫째, 둘째수

이홍종님은 산뜻하면서도 고뇌가 서리는 듯한 시어들을 구사하는 솜씨로 보아 시작(詩作)에 상당한 정열을 바치고 있는 듯하여 시인에 대하여 사뭇 기대를 걸게 한다. 시적(詩的) 화자(話者)의 그리움을 강물이 대신하고 있는 것으로 환치시킨 솜씨나 '무서리로 나래접어 내리던 날' 등의 시구는 함부로 나올 수 없는 유창한 언어유희로서의 단면을 보여주고 있다.

젊은 시인으로서 패기 있고 의욕 있는 노력으로 더욱 더 현대 시조의 참신한 면을 보여주기를 기대한다.

잠든 아침 열고
빈손으로 나선 길

무딘 마음 열어
허공 속에 비워 내면

내 안에 서글픈 영혼
새 떼로 흩어진다.

- 황여란 〈선운사〉 첫째수

황여란님의 〈선운사〉는 상이 깨끗하고 맑다. 시간과 공간의 이미지 구축 면에서도 우수한 작품으로 보여진다. '잠든 아침을 열고' 나선 길은 이승이며, 현실이며, 생활인의 공간이지만 마음을 비우면서 상공(허공)을 바라보는 미래 지향적인 삶을 그리고 있다. '내 안에' 자리하고 있는 현실 세계에서의 '서글픈 영혼'을 새들의 날개에 얹어 더 넓은 세계로 풀어주며 긍정적이고도 상승적인 이미지로 풀어가고 있다. 시간과 공간을 무리 없이 버무려 작품을 빚는 솜씨가 예사롭지 않아 훌륭한 시인으로서의 기대를 걸게 한다.

### 4. 맺는 말

지금까지 가람문학 제 19집에 실린 신작만을 중심으로 대전권 시인들의 시조작품이 내포하고 있는 전통성과 현대시조로서 거듭나기 위한 노력들의 일면을 살펴보았다. 원숙한 맛이 풍기는 작품에서부터 풋풋한 감이 물씬 풍기는 작품까지 다양한 면모를 발견할 수 있어 조금은 다행이었다는 생각이 든다. 애석하게 생각하는 것은 지면의 제약과 시간의 촉박으로 인하여 모든 회원들의 작품을 언급하지 못하고 그저 무작위적(無作爲的)으로 가려 뽑은 작품만을 대상으로 하였던 점에 아쉬움을 느끼며 누락된 작품은 작품의 질이 떨어져서가 아니라는 점을 분명히 밝히며 이해를 바란다. 그리고 필자의 짧은 안목으로 인하여 시인이 의도하고 있는 바를 제대로 잡아내지 못한 채 진면목을 놓칠 수도 있었던 것으로 여기며 함께 노력하자는 말로 책임을 덜고자 한다.

전통은 조상으로부터 물려받은 것이라는 사실만 중요하게 생각할 것이 아니라 미래적(未來的)이고 창조적(創造的)일 때 더욱 값진 것이 된다.

1960년대 해외문학파(海外文學派)들이 우리의 문학을 고전문학(古典文學)과 현대문학(現代文學)으로 분리시키고 그들이 현대문학

분야를 장악하면서 전통(傳統) 단절을 주장하였던 우(愚)를 이 시대에 우리가 다시 범하지는 말아야 할 것이다.

또한 우리는 저마다 시조의 현대성을 주장하면서 그 필요성은 인정하면서도 작품은 음풍농월식(吟風弄月式)의 작품만 흉내 내고 있지는 않은지 다시금 반성해 보아야 할 일 이다. 시어(詩語)도 참신(斬新)해야 할 뿐만 아니라 시조(時調)라는 그릇에 담는 시상(詩想)도 참신성을 지닌 현대적이고 미래적일 때 시조의 앞날은 밝을 것이다. 전통적 시조에서 현대성이 뛰어난 시조로서 거듭나기 위하여 힘쓰고 있는 대전권 시조시인들의 작품의 일면을 대하면서 대전권 시조의 앞날은 밝을 것으로 기대한다.

# 2부

## 시조집 평설

# 평이(平易)에 사상을 담은 운율미의 진수(眞髓)

## 유동삼 시조집 『집게손가락』

유동삼 사백(詞伯)의 제 4시조집 「집게손가락」은 「유동삼 시조집」 「꽃마을」 「새 꽃밭」에 이어 10년(年)만에 45년간(年間)이라는 실로 장구(長久)한 세월을 머물렀던 교직(敎職)으로부터 정년(停年)을 기념하기 위하여 의미(意味)를 두고 펴낸 시조집(時調集)이다.

서평(書評)을 하기에 앞서 그 긴 세월 동안 많은 후학(後學)들을 길러내시는 데에 온 젊음과 인생(人生)을 다 바치신 교단로정(敎壇路程)에 진실(眞實)로 경하(慶賀)의 말씀 먼저 올리고자 한다.

수양산(首陽山) 그늘이 칠십리(七十里)를 간다는 말이 있다. 그 동안 길러내신 많은 인재(人才)들이 나라 곳곳에서 유동삼교장 선생님의 중후(重厚)한 인품(人品)으로부터 물려받은 학식(學識)과 덕망(德望)을 성실하게 실천하고 있으리라고 믿는 바 이것은 비단 평자(評者)만의 생각은 아닐 것이라고 여긴다.

제 4시조집 「집게손가락」은 4부(部)로 나누어져 있으며 보두 168수(首)나 되는 많은 양(量)의 작품(作品)이 수록(收錄)되어 있다.

장학사(奬學士)로서, 중학교(中學校) 교장(校長)으로서 바쁜 일과(日課)가운데에서도 시작(詩作)에 몰두(沒頭)하여 좋은 작품(作品)을 다작(多作)하시는 노시인(老時人)의 정열에 부러움마저 느끼는 바다.

육당(六堂) 최남선(崔南善)은 「조선문단 제 16호(1926.5)에 「조선 국민문학으로서의 시조(時調)」라는 제하(題下)에서 "남으로 우리를 알려할 때에 그 가장 요긴한 재료일 것도 물론이지마는 우리를 관조하고 미험(味驗)하는 것으로도 시조(時調)는 아직까지 유일 최고의 준적(準的)인 것이다.」라고 말하였다.

물론(勿論) 시대적(時代的)인 차이(差異)가 있긴 하지만 우리의 문학(文學)과 우리의 국민사상(國民思想)을 알고자 하는 데에는 예나 지금이나 시조(時調)가 그 기준(基準)이 된다는 데에는 이견(異見)이 없을 듯싶다. 유동삼 사백은 줄곧 시조(時調)만을 고집스레 써오신 분이라는 것은 자타(自他)가 공인(共認)하는 사실이며, 또 유동삼 사백(詞伯)의 작품(作品)은 우선 쉽게 읽혀진다는 데에 매력(魅力)이 있다. 여기에서 쉽다는 것은 사상성(思想性)이 결핍(缺乏)되어 있다는 이야기가 아니라 독자(讀者)와의 거리를 좁히기 위하여 난해성(難解性)을 배제하였다는 이야기다.

시(詩)는 단순(單純)한 미적(美的) 대상이 아니라 시인(詩人) 자신(自身)의 인생관(人生觀)과 세계관(世界觀)의 개인적(個人的) 표현(表現)이라는 점에서 작품(作品)을 통(通)하여 시인(詩人)의 인품(人品) 내지는 인간성(人間性)까지 유추(類推)할 수 있는바, 다음 작품(作品)을 읽어보면 유동삼 사백(詞伯)의 인품(人品)을 짐작할 수 있으리라고 본다.

길이로나 굵기로나 셋째밖에 안되는데
저만 일을 더하여도 한 번도 내색 없고

여러 일 제 힘껏 하여 놀 새 없이 바쁘다.

- 집게손가락, 첫째 首-

시조집(時調集) 제일 앞에 나와 있는 표제작품(表題作品)인 「집게손가락」의 첫째 수(首)이다.

시적(詩的) 존재(存在)는 숨겨져 있는 은폐성과 동시에 변장을 통해서 자신을 나타내는 계시성(啓示性)을 가지고 있는바, 집게손가락에 시인(詩人) 자신(自身)을 투사하여 어느 위치에 있든지 가리지 않고 남을 위하여 헌신하며 살아온 시인(詩人)의 인생관(人生觀)을 보여준 작품(作品)이라고 하겠다.

유동삼 사백(詞伯)은 남들이 싫어하는 일들이나 귀찮아하는 일들까지도 거절하는 일이 없이 희생적이며 봉사적으로 행동하신다. 이 점은 동인지(同人誌)를 엮어내며 같이 활동해 본 사람이면 누구나 느끼는 일로 노안(老眼)이시면서도 그 피곤하고 어려운 교정(校訂) 일도 다른 편집진들과 시종(始終)같이 하시는 것이다. 그러면서도 그 수고로움을 전혀 겉으로 내색하지 않는 분이다.

이 작품(作品) 외(外)에도 작품 1부 「병아리」에서는 일상생활(日常生活)에서 얻은 시적(詩的) 경험(經驗)을 보다 쉬운 언어(言語)로 표출(表出)시킨 작품(作品)들로 구성되어 있다.

임의 곁에 있다 보면 그늘도 양지되고
헌사하다 고요하고 시들다도 힘이 솟고
도리에 엇나가다도 바로잡게 되었네.

- 도 닦아 쌓으신 탑이, 둘째 수(首)-

작품 2부 「꽃마음」에는 대부분이 축시(祝詩)나 헌시(獻詩)로 엮어져 있다.

인용한 작품(作品)은 유당(裕堂) 림헌도(林憲道) 박사의 정년퇴임을 기념하여 지은 헌시인데 각장(各章) 첫머리에 해당되시는 분의 이름을 머리글자로 하여 두운(頭韻)의 묘미(妙味)를 극대화(極大化)하고 있다.

요란한 미사여구(美辭麗句)나 마음에도 없는 찬사(讚辭)가 아닌 진실(眞實)로 심연(深淵) 깊은 곳에서 우러나오는 충정(衷情)의 일단(一端)을 읽으며 우리는 또 한번 시인(詩人)의 뜨거운 인정미(人情美)를 느끼게 된다.

> 산기슭 밭두렁에 흰 꼬리 내저으며 따뜻한 사월 바람 살지
> 도록 흐뭇하여
> 밥티끼 매달아 놓고 큰 잔치를 벌이네
>
> - 〈조팝나무, 첫째 수(首)〉

> 저 살자고 남의 피 몰래 빨아 먹던 놈
> 풀 중에 땅빈대 그 놈도 똑같은 놈 바랭이 그 새에 끼어 군
> 시러워 못 크네.
>
> - 〈땅빈대, 전문(全文)〉

작품 3부 「꽃이 바람을 이기던 날」 중에서 가려 뽑은 시조(時調)이다.

시인(詩人)은 일반언어(一般言語)를 사용하면서도 독자(讀者)의 입장에서 보면 산문(散文)의 언어 현상과는 달리 시(詩)의 언어(言語) 현상이 특수한 심리적(心理的) 구조(構造)나 반응(反應)에 기여

하도록 사용해야 한다.

유동삼 사백(詞伯)의 시조(時調)는 모든 작품(作品)에서 그러하듯이 아주 평이(平易)한 일상(日常) 언어(言語)를 통하여 의인적(擬人的)이고 우화적(寓話的)인 기법(技法)으로 누가 읽어보아도 바로 뜻을 알아낼 수 있도록 하여 난해성(難解性)을 극복(克服)했다는 특장(特長)이 있다.

시인(詩人) 자신(自身)이나 알 듯한 괴이한 언어(言語)로 어렵게만 써 가는 난해(難解)한 현대시(現代詩)의 조류(潮流)가 오늘날 시인(詩人)보다도 오히려 독자(讀者)가 적다는 기현상을 낳게 했지 않는가 생각해 볼 때 쉬운 언어로도 얼마든지 심오한 사상(思想)을 실을 수 있다는 것을 무언으로 강조하고 있다.

더욱이 작품 「땅빈대」에서는 극단적인 이기주의(利己主義)가 팽배해 가는 현실 속에서 자신의 이익(利益)을 위해서는 남이야 어찌되든 상관하지 않는 현 사회상을 통렬하게 비난하고 있다 하겠다.

어버이 위하여 숨 거두려 할 적마다
손가락 깨물어서 피 삼켜 드린 정성 그 효성 종소리 되어
가슴 가슴 울린다.

- 〈시양골 안효자 정문, 첫째수(首)〉

마지막, 작품 4부 「정회장 옛터」에서는 인용한 작품에서 보듯이 전해 내려오는 열녀비, 효자비, 정문, 전설 등에 얽힌 이야기나 시인(詩人)이 느끼는 소회(所懷) 등을 노래하며 자꾸만 어두워 가는 세태(世態)에 경종을 울려 주고 있다.

노익장(老益壯)을 과시하듯 평이(平易)한 작품성향(作品性向)으로도 좋은 시조(時調)를 쓸 수 있다는 것을 몸으로 보여 준 시조집「집게손가락」을 대하며 편집자가 요구한 원고의 양이 이미 훨씬 넘어선 관계로 극히 적은 작품(作品)을 예(例)로 하여, 좀 더 깊이 있게 다루지 못하고 지극히 피상적인 면(面)만을 언급한 듯싶어 매우 아쉽다.

「내가 그의 이름을 불러 주었을 때 그는 나에게로 와 꽃이 되었다.」라는 김춘수(金春洙)시인(詩人)의 시(詩)에서 보듯이 우리 사상(思想)과 시대상(時代像)을 노래하는 데에는 시조(時調)와 자유시(自由詩)의 구별이 있을 수 없다.

우리의 것이라고 모든 이들이 불러 줄 때에 우리의 민족시(民族詩) 시조(時調)는 더욱 진가(眞價)를 발휘할 수 있을 것이다.

그 날이 쉬 오도록 유동삼 사백(詞伯)께서는 특유(特有)의 건강하신 몸으로 왕성한 작품(作品) 활동(活動)을 하시리라 믿으며 다시 한번 장수와 건강을 기원해 드린다.

좋은 시조집(時調集)을 대하면서 평자(評者)의 좁은 안목(眼目)과 식견(識見)으로 인하여 선생님의 문명(文名)에 누(累)가 되지 않는다면 더 없는 다행(多幸)이겠다.

# 비워두기를 통한 형이상학적 삶의 표출

## 이도현 시조집 『장자의 바람』

종(鍾)은 겉모양이 얼마나 아름답게 만들어졌는가보다는 두들겼을 때 어느 만큼 아름다운 소리를 내는가에 그 종의 가치가 좌우되는 것이다. 시재(詩材)로 많이 끌어다 쓰는 에밀레종도 생김새보다는 그 종소리가 피가 맺히는 듯한 슬픈 사연을 담고 있기 때문에 우리의 가슴을 애잔하게 적시는 것이 아닌가 생각한다.

필자는 이도현(李道鉉) 시인(詩人)의 시집 「장자(莊子)의 바람」을 대하면서 종(鍾)을 두드려 보는 마음으로 그의 시세계(詩世界)를 두드려보고자 하였다.

이시인(李詩人)의 시집(詩集)에서는 「바람」이라는 말이 많이 등장한다. 그의 두 번째 시집 타이틀이 「바람과의 대화」였고, 세 번째 시집이 「다시 바람에」, 네 번째 시집 또한 「빛과 바람 사이」였으며 이번에 출간한 다섯 번째 시집이 「장자(莊子)의 바람」이다. 바람의 이미지가 어떻게 변모되었는가는 지면 관계로 논할 수 없지만 분명한 것은 그의 바람은 무서운 속도로 변화하고 있다는 사실이다. 그러나 그 점은 일단 접어두기로 하고 본고(本稿)에서는 다섯 번째 시집 「장자(莊子)의 바람」만을 대상으로 한다.

우선 각 작품을 논하기 전에 장자(莊子)에 대하여 조금은 언급하는 것이 이해에 도움이 될 듯싶다. 장자(莊子)는 노자(老子)의 학설을 계승 발전시켜 만물일원론(萬物一元論)을 주장했던 사람이며 그의 인생관은 사생(死生)을 초월하여 절대(絶對) 무한(無限)의 경지에서 노니는 것이 목적(目的)이라 하였고, 또한 인생은 모두 천명(天命)이라는 숙명설(宿命說)을 취한 사람으로 조금은 소극적이었던 사람이라 할 수 있다. 그러나 이시인(李詩人)의 「장자(莊子)의 바람」에 전개되는 시상(詩想)은 전혀 소극적이 아니다. 과정보다는 결과만을 중시(重視)하는 현실사회. 형이상학적(形而上學的)인 요소(要素)보다는 형이하학적(形而下學的)인 것들이 더욱 무섭게 판을 치는 현 사회를 보면서 가슴 절절히 통렬하게 한탄하고 있음을 읽을 수 있다.

장자(莊子)의 바람은
색깔도 없고 소리도 없다.

무수한 군상(群像)들이 바람 소리로 요란하지만
바람은 제 소릴 내라고 호령하지 않는다.
솔잎을 스치면
솔바람 되어 산자락을 흔들고, 댓잎에 머물면 댓잎 바람으
로 마음을 훑는다.
마음은 온통 만상(萬象)의 바람이네
바람숲이네

바람은 늘 하나로 불건만
제 빛 소리로

요란한 세상.

-「장자(莊子)의 바람(1)」 전문(全文)

「색깔도 없고 소리도 없」이 불어오는 바람에서 이시인(李詩人)은 「만상(萬象)의」 얼굴과 주장과 사상들을 읽어내고 있다.

이건 바로 만인(萬人)이 만(萬) 가지의 주장만 내세우는 현대사회의 시끄러운 면을 노래했다고 본다. 전염병처럼 번져버린 NIMBY(Never In My Back Yard)현상을 내세워 사리(事理)를 앞세운 토론(討論)과 대화보다는 우선은 팔을 흔들어대며 거리로 뛰쳐 나가는 현실판을 조용하게 그려내고 있는 것이다. 「솔잎을 스치면/솔바람 되어 산자락을 흔들고, 댓잎에 머물면 댓잎 바람으로 마음을 훑는다.」라는 표현은 얼마나 명쾌한 자기응시의 표현인가. 도포자락 휘날리며 유연한 몸짓으로 시대를 헤쳐 가는 단아(端雅)한 선비의 모습을 바라보는 듯싶다.

인의(仁義)의 탈을 쓰고
옥좌(玉座)에 앉은 순(舜)임금
한 그루의 마루나무는 대지(大地)에 뿌리를 내리고 가지의 팔을 벌려 하늘의 뜻을 감싼다. 보잘 것 없는 한 잎의 풀이 대우주이고, 꿈틀거리는 지렁이 또한 소우주의 몸짓이다.
봄 햇살은 대지(大地)의 눈뜨임이요, 가을 빗소리는 그의 자장가이다. 만물이 만물스럽게 만물로 두라.
임금의 탈을 벗어라.
풀잎의 숨결로 두라.

-「장자(莊子)의 바람(9)」 전문(全文)

비옥한 땅에 뿌리내리고 살아가고 있는 것만으로도 감사하며 「하늘의 뜻」을 우러르고 있는 초목(草木). 거기 작은 잎사귀나 풀잎에 머물고 있는 우주. 자연(自然) 속에 머물고 있는 모습들은 하나같이 순수하고 아름답다. 그토록 순박하고, 거짓이 없고, 참된 자연 앞에서 우리는 어설픈 「인의(仁義)의 탈」을 벗고 살 일이다. 자연(自然)을 매개체로 하여 위정자(爲政者)와 민초(民草)들과의 교감(交感)을 자연스럽게 이루어가는 사회를 갈망하는 이시인(李詩人)의 맑은 감성(感性)은 차라리 체득적(體得的)인 것이라 보아야 한다.

바람 부는 도심(都心)
저만큼
내리는 길목

손바닥만한 거실(居室)에
햇살이
모여 앉아

한 해를 보내는 이야기
그믐밤에 달이 떴다.

건너편 공터에선
비어 있는
발자국 소리

자정(子正)을 넘어서도
떠날 줄 모르는

햇살

탁자 위
늘어선 난 잎에
봄이 와서 매달린다

「밤의 햇살」 전문(全文)

이 시(詩)는 제목부터가 밤과 햇살이 라는 전혀 상반적(相反的)인 요소를 접목(接木)하여 폭넓은 시(詩)의 경계(境界)를 넘나들고 있음을 본다. 〈바람 부는 도심(都心)/저만큼/내리는 길 목〉 앞에서 시인(詩人)은 폐쇄된 공간에 직면(直面)하게 된다. 삶이란 것이 아무리 자아(自我)를 실현하는 창조적 과정의 연속이라고 하지만 비좁고 폐쇄된 공간 앞에서는 모든 꿈과 소망과 목적들이 암담한 것으로 변모되고 만다.

밤은 그만큼 폐쇄된 공간이며 모든 것이 멈추어버리는 시적(詩的) 공간이다.

그러나 이시인(李詩人)은 거실(居室)에 햇살을 끌어들이듯 닫혀진 공간을 조심스럽게 열어가고 있다. 밤이 깊으면 새벽도 멀지 않으리라는 말처럼 자정(子正)을 넘는 시간에도 소멸되지 않고 살아있는 햇살은 적당한 때가 되면 또 다른 햇살을 잉태하며 겨울을 이겨낸 「늘어진 난 잎에」 화사한 봄을 연출할 것이라는 시적전개(詩的展開)가 매우 긍정적이고 생명력 있다.

장자(莊子)의 하늘은

비어있는
하늘 빛.

땅에서 보는 하늘은 늘
푸른 빛.

푸른 하늘 위의 하늘은 한 가지로
검은 빛.

푸르고 검은 윗 하늘은
장자(莊子)의
하늘 빛.

-「장자(莊子)의 하늘(2)」 전문(全文)

비어 있다는 것은 비어 있는 만큼 채울 수 있는 희망이 있다는 것이다. 왜학습(歪學習)은 미학습(未學習)만 못하다는 말이 있다. 잘못 배우기보다는 숫제 배우지 않는 것이 낫다는 이야기다. 쓸데없는 것들로 가득 채우기보다는 차라리 비워둠이 좋기 때문에 창세기에 하늘과 땅을 구별하여 커다란 공간을 조물주는 비워두었는지도 모른다.

푸르다 못해 검게까지 느껴지는 무한공간의 장자(莊子)의 하늘에 무엇으로 채울 것인가는 전혀 언급하지 않은 채 독자의 상상에 맡겨두고 있는 시(詩)의 세계가 상당히 개방적이다.

강에 와서야 세월을 만난다.
할아버지의 할아버지 그 아버지의 태고적부터

통나무 뗏목을 띄워 세월을 나르던 강

-「금강」의 첫째 수

이시인(李詩人)은 역사의 흐름에도 시선을 던지고 있다. 강물처럼 이어져 온 혈맥의 흐름 위로 둥두렷이 떠 있는 백제의 하늘은 분명 우리 조상들의 숨결을 느끼게 한다.

백제의 공기를 호흡하면서 끝없는 역사의 길에 우리도 까마득한 후손들을 위해 여기 작은 등불이나마 밝혀 두어야 할 소명이 있다는 것을 깨우쳐 주고 있다.

산(山)에도 정이 있는가?<br>
갈잎이 울어 옌다.<br>
잔설을 밟으며<br>
하산(下山)하려 하였지만<br>
뒷산이 날 따라와서<br>
옷자락을 잡는다.

「산(山)이 날 따라와서」 첫째 수

더위가 짜증나거든<br>
물살 밟고 건느시오.

-「솔섬에서」 첫째 연

누가 무어라 해도 우리는 자연 속에 묻혀서 자연에 뿌리를 묻고 자연의 혜택으로 살아가고 있음을 부인(否認)할 수는 없다. 「산(山)에도 정이」 있어 산도 외로우면 사람의 「옷자락을 잡는다.」

어쩌다 사는 일이 「짜증나거든」 한번 쯤 자연을 음미하며 찌든 설움들을 씻어 볼 일이다.

시(詩)를 왜 쓰는가? 라는 질문이 이시인(李詩人)에게는 한낱 사치스런 우문(愚問)에 불과하다는 것을 우리는 그의 시집(詩集) 서문(序文)에 해당하는 시인(詩人)의 말에서 느낄 수 있다.

「삶을 시(詩)로 남기겠다는 의지는 더욱 강해졌고…」 모든 삶을 걸고 「언어를 일구고」 있다고 피력한 것만 보아도 그의 시(詩)에 나타난 시적(詩的) 화자(話者)는 이시인(李詩人) 자신(自身)의 인생(人生)이며 생활(生活)이며 철학(哲學)인 것이다. 이시인(李詩人)은 시집 「장자(莊子)의 바람」에서 비워 두기를 염원하며 허욕(虛慾)으로부터의 탈출을 시도하고자 하였다. 조금씩 비워 둘 줄 아는 여유가 있다는 것은 지천명(知天命)의 연륜 덕택이 아닌가 여기며 무게 있는 작품들로 엮어진 왕성한 시적(詩的) 탐구(探究)의 결실에 다시 한 번 박수를 보내며 또 다른 작품들을 기다려 본다.

# 공간과 삶과 예지(叡智)의 미학

## 이도현 시조집 『서산까지 따라오는 바람』

### 1.말머리에

이도현(李道鉉) 시인(詩人)은 바람의 시인(詩人)이다.

스스로 바람을 일으키기도 하고 바람과 맞서 싸우기도 하고 때로는 변화무쌍한 바람과 타협하기도 하면서 시전(詩田)을 꾸준히 갈고 있다. 그의 제 5시집 「장자(莊子)의 바람」 서평(書評)에서 필자(筆者)는 '그의 바람은 이제 어디를 향하여 불어갈지 전혀 예측할 수 없다.'고 언급한 일이 있다. 바람은 곧 시인 자신의 인생(人生)이 아닌가 싶다.

인생(人生)살이의 길들이 무한정 많듯이 바람이 그려내는 이미지의 공간(空間) 또한 무궁무진하다.

시인(詩人)과 작품(作品)은 시간적인 존재이면서 초시간적(超時間的)인 존재(存在)이듯이 자아(自我)와 시적(詩的) 이미지의 동일성(同一性)은 시의 원래 모습이자 시인(詩人)이 갈망하는 이상이라고 볼 때 그의 시가 넘나드는 공간(空間)은 넓을 수밖에 없다.

이런 관점에서 필자(筆者)는 공간적인 측면으로 그의 시(詩) 세계(世界)를 짚어 보려 한다.

노자(老子)는 우리들이 진흙으로 그릇을 만들지만 정작 그릇을 쓸모 있게 하는 것은 그릇 자체가 아니라 그릇 안쪽의 빈 공간(空間)이라 하여 그 자체 실재(實在)하지 않는 빈 공간으로써 공간 속에 담겨진 공간의 우월함을 말하였다.

이것을 문학쪽으로 불러들여 비교해 보면 흙=문자(文字), 도자기=시(詩)작품(作品), 공간(空間)=시적(詩的) 이미지라는 등식(等式)을 어렵지 않게 뽑아낼 수 있다. 따라서 글 쓰는 일 또한 실존적(實存的) 장소(場所)를 마련하는 일이 됨으로써 문학(文學) 공간(空間), 더 나아가 시(詩)의 공간(空間)이라는 것은 글쓴이가 구체적 경험을 통해 이루어 놓은 체험 세계라고 말할 수 있다.

공간성(空間性)을 논할 때 여러 각도의 방향에서 논할 수가 있겠으나 여기에서는 자연적 공간성(自然的 空間性)의 시(詩), 인위적 공간성(人爲的 空間性)의 시(詩), 감각적 공간성(感覺的 空間性)의 시(詩) 쪽에서만 언급하려 한다.

## 2. 자연적 공간성(自然的 空間性)의 시(詩)

자연적 공간(自然的 空間)에는 산이 있고, 들이 있고, 강이 있고, 바다가 있고, 하늘이 있으며, 거기에는 해, 달, 별, 파도, 섬, 꽃, 나무, 새 등이 계절에 따라 많은 변화의 모습들을 나타내고 있다.

그의 시(詩) 「열사흘 달빛」을 보기로 한다.

정월(正月)
열사흘 달빛
나를 따라온다

지명(知命)의 나이를 벗고
잔잔한 취기(醉氣)로 온다.

서너평
뜰을 거닐며
중얼거리는 하얀 독백(獨白).

그림자 발목을 딛고
밤을 서성이는 범부(凡夫)야

미완(未完)의 짐을 지고
하늘가
어디쯤 오르는가

잡힐듯
내 사량(思量)의 뜰
달빛만큼 흔들린다.

-「열사흘 달빛」 전문(全文)

「열사흘 달빛」은 이도현(李道玆) 시인(詩人)의 인생 후반기 삶의 자세를 표출한 작품으로 보인다. 열사흘 날의 달빛은 분명 가득 차지 않은, 덜 여문 달빛이다. 만월(滿月)이 되기까지는 아직은 기다려야 한다. 이미 지명(知命)의 연륜임 에도 아직 자신의 삶에 만족하지 않고 더 채워야 할 부분이 있다는 겸손으로 자신의 모습을 열사흘 달빛으로 환치시켜 시인(詩人)의 마음을 이입(移入)시키고 있다. 그러면서 자연물(自然物)과 시적(詩的) 화자(話者)를 동일시(同一視)하는 감정(感情)의 이입(移入)을 유도한 작품(作品)이다.

흔들림은 살아 있음의 표상이요, 어딘가의 그 무엇을 향해 튀어 오르려는 역동적(力動的)인 출발 전의 모습이다. 흔들리는 달빛만큼 시인의 삶에 대한 사려 깊은 애정과 이루고자 하는 열망들이 끈질긴 집념으로 출렁이고 있음을 본다.

(1)
손바닥만한 뜰에
계절이 다투어 핀다

목련꽃
솟아오를 때
봄을 실어 나르던
새

모란잎 하나 빙글면서
여름 선물 주고 갔다

(2)
그리워지는 사람은
곁에 있어도
그립다

황홀한 꽃잎 속엔
무엇이 숨어 있기에

뜨겁게
뜨겁게 타는 돌
화석(化石)하나 서 있다.

-「어느 날」 전문(全文)

「어느 날」도 같은 맥락에서 볼 수 있는 작품이다. 이호우 시인(詩人)이 「개화(開花)」라는 작품에서 꽃잎이 벌어지는 모습을 「한 하늘이 열리고 있네」라고 노래하였듯이 꽃은 경이로우면서 새로운 세계의 열림을 상징한다. 실로 완성의 순간이며 극치의 황홀한 순간 바로 그 자체다.

목련꽃과 모란꽃을 피우기 위해서 일찍부터 자유로운 세계를 넘나드는 새가 열심히 봄을 물어다 날랐듯이 이도현(李道玹) 시인(詩人)의 오늘이 있기까지 주위에 많은 인연들이 있었음을 상기 시키면서 그 많은 인연 속에 살고 있으면서도 늘 그들을 그리워하는 훈훈한 인정(人情)의 시인(詩人)임을 그려내고 있다.

문학적(文學的)으로나 교육(敎育) 측면에서나 어느 정도의 경지를 이룩한 모습을 남들은 그저 눈에 보이는 모습만 바라보고 부러워하며 칭송하듯이 그저 피어 있는 꽃의 현재 모습만 바라볼 것이 아니라 내면(內面)의 모습과 아픔까지 바라봐 주기를 기대하면서 현재의 삶이 있기까지 화석(化石)이 될 만큼 오랜 기간 동안 뜨겁게 겪어왔던 삶의 역정과 고통이 내재(內在)하고 있는 작품이다.

바닷가에서 묵고
바다를 두고 간다

벌거벗은 태양
모래알을 그대로 두고

동백섬 갈매기까지
남기고 가는 바람.

모래톱 모래성을
쌓다가 허물다가

밀물, 썰물 부서지며
왔다가 가는 것을

하룻밤 지켜보면서
그림자 하나 두고 간다.

-「적(跡)」 전문(全文)

본시 내 것이었던 것은 아무 것도 없었듯이 바다도, 태양도, 온갖 정물(靜物) 까지도 일정한 거리를 두고 바라보는 것은 그만큼 시적(詩的) 화자(話者)와 사물(事物)과의 객관적 거리를 유지할 수 있다는 여유스러움을 나타낸다 하겠다.

더욱이 삶과 죽음이 공존(共存)하는 바다를 보며 생성과 소멸의 진리를 깨닫는 시인(詩人)의 눈길이 자못 선적(禪的)이다. 자연의 섭리를 깊이 깨닫고 그 흐름에 따르고자 하는 화자(話者)의 심상이다.

애버하아트의 말을 빌리지 않더라도 산문(散文)은 설명하는 데 필요하지만 시(詩)는 암시(暗示)가 최고의 묘약이다.

이러한 암시를 바탕으로 시적(詩的) 긴장감까지 동원하였다면 아쉬움이 없었을 것이다.

바람이 솔솔 불 때
숲이 살아나고

파도가
물살을 칠 때
바다가 생동하듯

여름은
뜨거운 불을 뿜어야
석류알이
살아난다.

-「여름 연가」 전문(全文)

「여름 연가」에는 자연을 상징하는 시어(詩語)들로 매우 활기가 넘친다. 바람, 숲, 파도, 물살, 여름, 석류알 등의 낱말들이 생기 넘치는 자연적 공간(自然的 空間)임을 대변하고 있다. 인간(人間)의 아이덴티티(개성)는 시간의 경과 가운데 형성되고 또 새로운 아이덴티티의 형성을 위해 끊임없이 자기 해체의 과정을 시인(詩人)은 수없이 겪는다. 시인들이 평생 동안 하나의 목소리로만 시를 쓰지 않는 것은 바로 개성의 끊임없는 형성과 소멸의 과정에서 다양한 시적 개성이 나타나고 다양한 스타일이 형성되기 때문이다.

### 3. 인위적(人爲的) 공간성(空間性)의 시(詩)

인위적 공간(人爲的 空間)은 자연적 공간(自然的 空間)과 상대되는 개념으로 개인적 내면(個人的 內面)에서 작용되는 심상(心象)이나 삶의 체험, 삶과 죽음의 관계, 숱한 회억(回憶) 등 여러 개의 공간으로 나눌 수 있을 것이며 인간(人間)과 인간(人間)과의 관계에서 생기는 인사적(人事的) 대상 존재와의 상관성, 그리고 가정(家庭), 더 넓게는 사회(社會), 국가(國家) 등(等)을 공간화(空間化)하는 집단으로서의 공간 등으로 나눌 수 있다.

긴 겨울이 지나가는 아픔의 끝을 본다.
할머니의 손등같은 꺼칠한 모래펄
어씨네 나룻배마저
동동 묶여 있구나.

산성을 끼고 돌아 무지개 다리를 거닐어 본다
아, 거기 역사의 자국 세월이 각인 된 채
아직은 귀시린 바람만
갈대숲을 훑는가.

산성을 끼고 돌아 무지개 다리를 거닐어 본다
무녕왕 큰 기침소리 강안을 울릴지니

움추린 물살을 모두어
하얗게 넘칠게다.

-「3월(月)의 금강(錦江)」 전문(全文)

「3月의 금강(錦江)」은 점차 소멸되어 가는 인위적 공간(人爲的 空間)을 설정한 시다. 다시 말하면 이 작품(作品)은 기본적으로 모순되는 감정들에 의하여 구조화 되고 있음을 보여 주는데 표현된 의미와 다른 진실이 그 이면에 감춰진 발언 즉, 아이러니를 통하여 시적 긴장감을 한껏 고조시키고 있다.

「긴 겨울」, 「아픔의 끝」, 「할머니의 손등」, 「꺼칠한 모래펄」, 「동동 묶인 나룻배 」, 「역사의 자국」, 「무녕왕 기침 소리」, 「움추린 물살」 등 하나 같이 소멸되어 가거나 축소되어 있거나 푹 가라앉은 시적(詩的) 배경(背景)을 나타내는 시어(詩語)들이다. 주로 역사성을 나타내는 시구(詩句)들인데 오래 전에 사라져간 백제의 후손으로서 옛날의 번창하던 모습을 그리워하고 있는 시인(詩人)의 마음은 안타깝기만 하다.

그러나 역사는 고여 있는 작은 호수가 아니라 어마어마한 생명력(生命力)을 가지고 도도하고도 줄기차게 흐르는 대하(大河)임을 그리고 있어 이 시(詩)는 살아나게 된다.

이제 하얀 물살을 일으키며 다시 세계로 넘칠 한민족의 기상을 금강(錦江)에서 길어 올리고 있어 자못 긍정적이다.

더욱이 정부 제3청사가 금강 부근인 대전(大田)으로 옮겨질 모양이고 보면 시인이라는 존재는 세상일을 예측하면서 사는 선각자의 지혜를 가진 위대한 영혼의 소유자들인지도 모른다.

화자는 지금 탕안에서 부침중(浮沈中)에 있음

잠시후 X는 형장으로 끌려가 죽을 것이라는 예감(豫感)을
했다. 사랑하는 제자들 올 불러 그들 더러운 발바닥을 하나
하나 씻어주는 여유를 보였다. 아무도 그 낌새를 알아채리
지 못한 바보들. 마지막 뜨거운 체온의 전이법을 그들은 알
리 없었다.

모두들 벌거벗은 탕안
제몸 하나 씻지 못하는 진풍경.

-「사랑의 전이법(轉移法)」 전문(全文)

지배자와 피지배자, 의인(義人)과 속인(俗人) 선각자와 둔각자(?), 선한 자와 악한 자, 달인(達人)과 범인(凡人), 예민한 자와 둔한 자 등 온갖 인간들이 한데 영켜 살아가고 있는 이 사회를 대중탕으로 비유하여 사설시조로 그려낸 풍경화가 바로 「사랑의 전이법(轉移法)」이다.

유다의 배반으로 인간이 만든 죽음의 틀인 십자가에 죽어갈 예정된 목숨임을 알면서도 제자들의 발을 씻어준 예수의 고결한 사랑 베풀기를 전혀 알아채지 못하는 바보 같은 인간들을 힐난하게 비판하고 있다.

달구지 끌고 들어와 청운(青雲)의 달을 띄웠네
도심(都心) 흐르는 천변 까치집 하나 엮어
썰렁한 한기를 데우며
시전(詩田)을 일구어 온 달.

찾고 싶은 갈증 달빛으로 풀어 내고
한밭 시린 바람 오기의 눈썹을 세워
보문산 정상에 걸린 달은 불러 스물 세 해.

이제 떠나도 좋겠네. 떠나면서 쓸쓸하지 않겠네
머리칼 슬어가며, 그림자 밟아가며
경륜의 낙관(落款)이 찍힌
더 큰 달을 띄워야 겠네.

-「대전의 달」 전문(全文)

이도현(李道弦) 시인(詩人)의 고향은 충남 예산이다.

일찍이 청운(青雲)의 꿈을 안고 달구지나 다닐 법한 비포장도로를 달려 거대한 중도(中都) 대전(大田)에 짐을 푼지 숱한 세월이 흘렀다. 까치집 같은 셋방살이부터 시작하여 삶의 틀을 하나씩 하나씩 엮어온 그의 인생(人生)이다.

한밭의 바람은 시샘바람이라고 여기기에는 조금은 참기 힘든 가슴 시린 바람이 불어와 여러 번 몸을 움츠렸어야 했던 삶이었음을 「한밭 시린 바람」이라는 촌철살인의 시구(詩句)로 나타내었다. 그러나 주저앉을 수 없고 패배할 수 없다는 오기 하나로 이십 여 년을 버틴 강인한 삶과 의지의 소유자임을 웅변으로 말하고 있다.

## 4. 감각적 공간성(感覺的 空間性)의 시(詩)

감각적 공간(感覺的 空間)은 오관(五管)을 통해서만 다다를 수 있는 시적(詩的) 공간(空間)이다. 여기에는 혈육(血肉)의 정(情)을 노래할 수도 있고, 시각이나 후각, 등등 모든 신체기관에서 느낀 것들이 들어갈 수 있는 공간(空間)이다.

여기에서는 혈육의 정이 곡진하게 묻어나는 두 작품을 소개하고자 한다.

모란잎 무너져 내리는
어버이날 아침 창가
어머님 초상(肖像)앞에
감루(感淚) 섞어 섰습니다.
무어라 들려주실 듯
아, 꼭 다문 먼 먼 말씀…

웃음 또한 감추시고
눈물 흔적 지우신 채
곧게 타신 가리마
푯대 하나 세워 놓고
세상을 경영하신 뜻
주름주름 곱습니다.

다시 들어온 어버이날
꽃 한 송이 받쳐 들고
세 아이 애비된 몸
무거운 짐을 가눠
이순(耳順)의 언덕받이에
발자국을 찍습니다.

-「어버이 날」 전문(全文)

「너희들도 두고 보아라」라는 말은 정렬(鄭烈) 시인(詩人)의 시(詩) 「부모(父母)」의 첫 행(行)이다.

그렇다. 우리의 뜻이 부모님과 어긋날 때 우리의 부모님들은 이런 말씀들을 많이 하셨다. 이제 세 자녀를 둔 이(李) 시인(詩人)은 날이 갈수록 부모님에 대한 애틋한 사랑을 갈구하며 회억(回憶)하고 있다.

자신의 나이테도 이순(耳順)을 바라보는 시점(視點)에서 애잔한 심정으로 부모님을 그리워하며 다시 한 번 몸 가누기를 해보는 것이다.

어버이 날 아침 시인(詩人)은 어머니께서 가시던 하늘 무너지는 듯한 충격의 날을 떠올리고 있는데 약간 누그러뜨린 감정으로 「모란잎 무너져 내리는」이라는 시구(詩句)로 조금은 축소시켜 의미를 품어내고 있다. 긴 세월 동안 슬픔이 삭고 삭으면 한숨이 되고, 한숨이 또 삭고 삭으면 노래가 된다고 했다. 숱한 세월이 흐른 오늘에 와서는 그래도 못다 한 사모(思母)의 정(情)이 있어 이제는 노래로 읊어 보는 시인(詩人)의 길은 정한(情恨)이 읽는 이로 하여금 가슴 뭉클하게 한다.

이러한 시(詩)는 시(詩)의 한 행(行) 한 행(行)이 이루는 기교의 수일(秀逸)함 보다는 시(詩) 전체(全體)가 주는 상징적 감동이 더욱 진하게 느껴지는 가작(佳作)이라고 할 수 있다.

하나는 무료해서
벽시계 돌을 건다.

한 놈이 정오를 가리키면 다른 놈은
다섯 점을 알린다. 한 놈이 자정을
울어대면 다른 놈은 또한 다섯 점을
알린다. 다섯 점을 알리는 시계는
딸을 유학 보낸 루마니아 현지시간,
벽시계 둘은 곁에서 늘 다정하지만
하늘은 보이지 않는 하늘은 구만리 장천

벽시계 둘을 걸어 놓고
헤아리는 꿈만 꾼다.

-「벽시계」 전문(全文)

「벽시계」는 앞에서 언급한 「어버이 날」과 일맥상통하는 작품이다. 「어버이날」이 상승적 시선으로 위를 노래한 작품이라면 「벽시계」는 하강적 시선으로 자녀를 향한 내리사랑의 시적 메타포를 토해내고 있다.

〈하나는 무료해서/벽시계 들을 건다.〉 이 시(詩)의 작자(作者)는 무료해서 두 개의 벽시계를 건다고 하였지만 우리(讀者)는 무료함의 원인을 알아보는 데에 관심을 가져야 할 것이다. 옛 속담에 '든 사람은 몰라도 난 사람은 안다' 고 했듯이 늘 같이 살던 장성한 자녀가 천만 리 먼 타국으로 훌쩍 떠나버렸으니, 그 텅빈 가슴을 무엇으로 채울 수 있으랴. 밥을 먹어도 왠지 허(虛)한 것 같고 잠을 자고 나도 개운치 않는 부모의 심정을 그린 것 이다. 먼 그곳의 시간(때)이라도 알면 '지금쯤 무얼 하겠구나.'하는 생각으로 덜 허전할 것 같아서 두 개의 시계를 걸어보는 것이다.

시인(詩人)은 방 안에 두 개의 벽시계를 걸어 놓고 서로 다른 시간을 알리는 묘한 아이러니를 그려내고 있지만, 시적(詩的) 공간(空間)은 무한성(無限性)을 지향(指向)하고 있다. 다섯 점을 알리는 벽시계의 공간은 시인(詩人)의 방이 아니라 몇 만 리 밖에 자녀가 가 있는 루마니아의 공간이다. 하늘조차 보이지 않는 먼 곳의 자녀를 그리워하는 부모의 심정처럼 떨어져 있던 자녀의 심정 또한 그처럼 애절했으리라.

## 5. 맺으며

신(神)이 창조(創造)한 가시적(可視的)인 우주 공간(宇宙 空間)과 시인(詩人)이 감각(感覺)을 통해서 경험한 영역인 현실(現實) 공간(空間)은 사뭇 다른 양상으로 나타나게 마련이다.

그러나 시(詩)에 있어서 공간의 구축은 단순한 지적(知的) 체계의 창조에서 이루어지는 것이 아니라 사물과의 만남에 울림으로 전해와 그것이 지적 사유(知的 思惟)를 통해서만이 가능하게 되는 것이다.

크로체의 말처럼 모든 인간은 언제나 자기가 겪는 인상과 감정을 표현하기 때문에 모두 시인(詩人)처럼 말한다고 볼 수 있으며, 만약 시(詩)가 '신(神)의 언어(言語)' 즉 특수한 언어라면 우리는 그것을 좀체로 이해할 수 없을지 모른다.

이도현(李道鉉) 시인(詩人)의 시(詩)는 생활(生活) 속의 정감들을 모아 서정성(抒情性)을 바탕으로 하여 한 필 한 필 피륙으로 짜고 있다. 아직도 밝혀내지 않은 바람의 정체(正體)를 캐 보기 위하여, 그는 또 반쯤의 길을 더 가기 위하여 다시 시동을 걸고 있다. 참교육자(教育者)로서 문학인(文學人)으로서 같은 길을 걷고 있는 선배 시인(詩人)의 시(詩)를 두들겨 보면서 필자(筆者)는 문득 맹인모상(盲人摸象)이라는 고사성어를 머리에 떠올린다. 장님이 코끼리 만지듯 한다는 말이다. 이번 제 6시집에서 그나마 시 몇 편을 대상으로 하여 그의 시(詩)의 일면(一面)을 알아보았지만 읽는 이마다 다른 감정을 느낄 수 있는 것이 문학작품(文學作品)이기에 혹자에 따라서는 필자(筆者)의 의견과 다를 수도 있을 것이다. 더욱 많은 각도에서 이도현(李道鉉) 시인(詩人)의 작품(作品) 이 논의되기를 바라면서 이 시집(詩集)의 표제시로서 자기성찰(自己省察)과 새로운 도약을 암시하는 「서산(瑞山)까지 따라오는 바람」을 옮겨 적으며 더욱 건필(健筆)하시기를 빌면서 붓을 멈춘다.

오늘도 새벽을 가르며
산을 넘어야 한다

몇 번이고 몇 번이고
뒤를 돌아보며

아, 반쯤 왔다는 차동고개
거기서 나를 만난다.

커피 한 잔 불러 놓고

아침을 마시는 산막

결코 쓸쓸하지 않은
독백의 잔을 들어

반쯤을 더 가야 하는 차
바람이 시동을 건다.

# 관조와 사향(思鄕)이 어우러진 건강한 시 세계

## 김영환 시조집 『고향길』

### 1. 실마리를 풀며

호산(湖山) 김영환(金永晥) 시인(詩人)이 이순(耳顺)의 고갯마루에서 삶의 에너지를 재충전하며 듬뿍 무게가 실린 귀한 시조집 〈고향길〉을 엮는다. 더욱이 이 시조집은 화갑(華甲)을 맞으며 더욱 더 철철 넘치는 젊음이기를 기원하면서 그의 사랑하는 자손들이 강권하여 엮어내는 것이라 하니, 더욱 고맙고 반가운 일이 아닐 수 없다.

김영환(金永晥) 시인(詩人)은 학이지지(學而知之)의 시인(詩人)이 아닌가 싶다. 그는 이 나라의 석학(碩學)들을 길러내는 충남대학교 대학원에서 행정가로서의 중책을 수행하고 있는데 필자(筆者)가 석사(碩士) 과정을 밟을 무렵 그의 사무실을 무시(無時)로 드나들며 시(詩)에 대한 이야기도 나누고 삶에 대한 조언도 들으며 담소를 나누는 기회를 여러 번 가진 일이 있다.

그때마다 불쑥 찾아간 사무실의 책상 위에는 시조 이론에 관한 서적들이 늘 한두 권씩은 쌓여 있었으며 펼쳐 놓고 읽고 있었던 것을 보았다. 늘 겸손한 언행(言行)으로 배우고 싶어 하는 그의 학문적 열정이 부럽기조차 하였다.

다시 말하면 손끝의 재주만 가지고 시조를 쓰고 있는 것이 아니라, 이론과 실제를 겸비한 시인이고 싶어 하는 그의 욕망과 노력을 위해 실천하며, 갈고 닦는 모습이 아름답고 숭고해 보이기까지 하였다.

I.A. RlchaMS는 시(詩)를 정의함에 있어 시란 인간의 마음속에 내재(內在)하는 모순된 충동(opposite Impulse)을 해소시키는 방법 중의 하나라고 말하고, 이 경우 모순 또는 갈등을 해소시키는 길은 두 가지가 있는데 그 하나는 모순되는 두 요소를 조화 혹은 평형(Reconciliation or Equilibrium) 시키는데 있고 다른 하나는 그 같은 요소들 가운데 하나를 제거시키는데 있다고 하였다.

여기에서 전자(前者)의 입장에서 쓴 시를 내포(內包)하는 시, 그리고 후자(後者)의 입장에서 쓴 시를 배제하는 시라고 불렀다. 김 시인(金 詩人)의 시를 일독(一讀)하고 느낀 것은 그의 시가 전자(前者)에 속하는 시들이 많다는 것이다.

이순(耳順)을 맞으며 발간하는 시집이라는 데에 의미를 두어서가 아니라, 온갖 삶의 노정(路程)을 겪어 온 달인(達人)만이 감싸며 녹일 수 있는 용광로적 포용력이 그의 시 전편의 밑바탕에 자리하고 있음을 느낄 수 있기 때문이다.

우리가 살아가면서 어떤 사물들이 조화(調和)를 이룬다는 것, 그건 얼마나 어려우면서도 얼마나 아름다운 일이었던가를 한두 번 느끼며 살아 온 것이 아니다. 조화(調和)(Harmony)는 내 주장만 앞세워서는 결코 이루어질 수가 없는 것이다.

내 주장을 굽혀 가며 상대방의 입장에 접근시키는 것이 바로 조화이기 때문이다. 그러나 내 주장을 굽힌다는 것은 말처럼 결코 쉬운 일이 아니라는 것 또한 우리는 너무도 잘 안다. 표현된 시적 진실과 덮어두어야 할 인생살이와는 때로는 엄청난 괴리가 있기 때문이다.

긴 말은 접어두고 그의 작품을 몇 편 예로 들어가며 시(詩) 세계(世界)를 알아보기로 한다.

## 2. 관조(觀照)의 시(詩)

반야심경의 첫머리는 〈(관자재)觀自在 (보살)菩薩 (행심반야바라밀다)行深般若波羅密多…〉라는 글귀로 시작된다. 관자재(觀自在)! 스스로의 존재를 있는 그대로 바라보는 것이 우주 삼라만상의 섭리를 깨닫게 되는 첫걸음이 된다는 심오한 뜻을 담고 있다.

사물을 객관적인 입장에서 바라볼 때 우리는 공정한 평가를 내릴 수 있으며, 탄력적인 언어적 묘사도 생성될 수 있는 것이다.

한 자국 또 한 자국
오르는 벼랑길을

구슬 땀 솟아 서려
성에 낀 안경인데

길잡이
없는 갈림목
서성서성 오른다.

-〈산 오름〉 전문(全文)-

바위 상 숲을 이고
휘돌아 서 있음에

물길도 따라 휘어
굴암강 이룬 것을

날빛도
녹아 든 강물
산경을 담고 있네.

떠들며 자란 개천
강물 이뤄 고요한데

푸른 상 맑은 강에
노니는 백로 한 쌍

세속에
어롱진 마음
이 강물에 헹구렴.

-〈굴암강〉 전문(全文)-

우리의 삶에는 이렇다 하게 나설 만한 경험을 가진 안내자가 없다. 인생이 연습용이 아닌 사실 그 자체인 까닭에 그 길을 두 번 이상 걷는 사람은 없는 것이기 때문이다.

스스로 목적지를 향해 미로(迷路)를 찾아 헤매듯 허위대다가 자신도 예기치 못한 순간에 종착역에 다다르고 마는 것이 삶이다. 서두를 일도 아니며 게으름을 피운다고 늦게 가는 것도 아니다. 오로지 주어진 시간만큼 살다 가는 인생인데 그 기간을 얼마나 보람 있게 살다 갈 것인 가는 스스로 결정할 문제다.

어차피 한 번 왔다가 돌아가야 하는 것이 인생이라면 조물주로부터 부여받은 우리의 모든 능력을 최대한 이용하고 발휘하면서 살아가야 하는 것이 조물주에 대한 예의이며 우리 또한 보람을 느끼는 일이 아닌가!

일분일초의 짧은 순간이라도 멈춤이란 없는 것이 그 길이기에 지고(至高)의 시적(詩的) 자아(自我)를 완성하기 위해 시인은 묵묵히 달관의 자세로 인생 고개를 올라가고 있는 것이다. 여기에서 구슬땀은 고뇌와 갈등과 불안과 번민 등 고통의 산물이며, 안경에 성에까지 끼어 부옇게 흐려진 상황이고 보면, 지향하는 바의 세계는 아득한 예측불허의 땅이며 불확실한 세계이다.

그런 길을 시인은 선승이 깊은 산속을 걸어가듯이 〈한 자국 또 한 자국〉 딛고 가는 것이다. 조금도 서두름 없이 묵묵히 오르다 보면 정상을 밟게 될 것이라는 시적 기대감이 매우 긍정적이다.

이 시가 보이는 기호론적 시의 공간을 그림으로 나타내보면 다음과 같다.

이 그림에서 지향하는 바의 경지가 높으면 높을수록 현실과의 괴리감은 커질 것이며, 그에 따른 번민과 갈등 또한 클 것은 자명한 일이다.

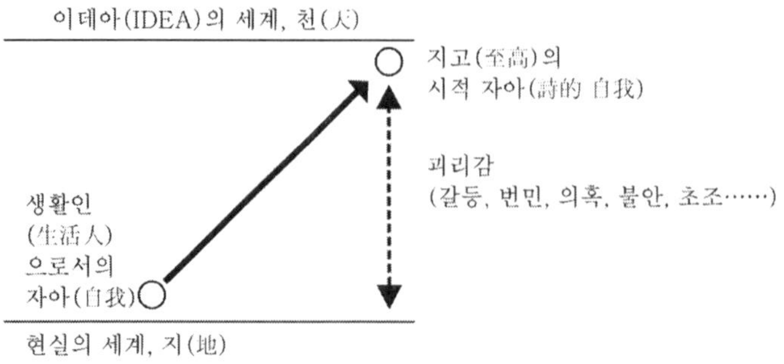


〈굴암강〉도 마찬가지이다. 강물 속에 잠긴 산경(山景)은 그림을 바라보듯이 정(靜)의 세계에서 바라보고 있다. 고요가 잠긴 강물을 바라보며 문득 시인(詩人)은 어린 시절을 길어 올리고 있다. 모두가 꿈이고 그리움인 옛날을 조용히 회억하는 순간만은 언제라도 아름다운 것이다.

푸른 산 맑은 강에 백로 또한 유유자적하고 있어 시가 담고 있는 신비의 세계가 자못 선적(仙的)이다. 그러나 강물에 비치는 세계는 선경(仙境)이 아니라, 바로 우리의 현실 세상 바로 그 모습이다. 기독교에서 세례(洗禮)를 통하여 거듭 태어나듯 시인도 맑고 깨끗한 강물로 헹구어 온 세상 만물을 다시 태어나게 하고 싶은 것이다.

### 3. 난향(蘭香)이 풍기는 시(詩)

철 늦은 여름 밤

달빛 더욱 고요한데

맴돌던 어휘들이
뒤척이고 떠난 새벽

난초 잎
하느작거리며
저나 보라 손짓하네.

- 〈오경(五更)〉 전문(全文)-

김(金) 시인(詩人)이 시를 대하는 태도가 여실하게 드러나는 작품(作品)이다. 정적만큼 달빛이 쌓이는 밤, 시전(詩田)을 갈며 적절한 어휘 찾기를 하던 시인은 문득 말없이 그 응시하고 있는 휘어진 난 잎을 발견한다.

난은 살아 있는 생물이며 건강하고 기품 있는 시 정신을 일깨우는 식물이다. 그런 시적 대상을 친근감 있게 애정 어린 시선으로 바라보는 시인의 바탕이야말로 지고한 선비 정신 바로 그것이라고 말할 수 있다.

비단결 파노랑 잎
햇물은 일렁이고

솟아난 곧은 줄기
외론 섬 등대련가

매무새

가다듬고 선
어진 이의 넋이여!

허구한 아픔 딛고
그 먼 길 돌아 와서

시름진 자욱 자국
발아래 묻어 둔 채

우러러
설운 가락 익혀
꽃 한 송이 피웠나.

- 〈난꽃 · 1〉 전문(全文)-

파란 옷 너울너울
하늬바람 견뎌 내고

붉은 해 정이 더워
소르르 푸는 옷깃

세간사
얼마나 씻고 헹궈
환한 가슴 여는가.

- 〈난꽃 · 2〉 전문(全文)-

오시면 온다 하지
소리 없이 오시다니

화관을 높이 달고
휘어진 여린 대공

은향에
미색의 꽃술
고운 살결 정이여!

- 〈난꽃 · 1〉 전문(全文)-

시인은 어떤 형상을 구체적으로 제시해 줌으로써, 또는 음악적인 율동으로 어떤 암시를 줌으로써, 관념 이전의 근본적인 의미를 전달해 주는 것이 시가 상징을 그 표현의 가장 직접적인 질료로 삼게 된 이유일 것이다. 심상과 관념의 관계가 쉽게 유추될 수 없을 정도로 언어를 사용할 때 시의 상징성은 커질 것이다.

〈난꽃 · 1〉은 김 시인의 추천 데뷔작이다. 난은 기르기 까다로운 식물 중의 하나이며, 오랜 시일 동안 습도와 온도 조절을 잘 해 주어야 꽃을 볼 수 있다.

오랜 산고 끝에 등대처럼 우뚝 솟은 난꽃에서 위대한 완성의 황홀함을 맛본다.

사람이 어떤 대상을 파악한다고 할 때 바라보는 사람의 시각 차이에 따라 그 대상은 사뭇 다르게 느껴지고 인식된다. 김 시인(金 詩人)의 〈난꽃〉은 단순한 꽃 자체에 국한하는 아름다움이 아니라, 대상물과 시적(詩的) 화자(話者)와의 관계가 밀접한 심미적(審美的) 관계를 유지하고 있어, 꽃의 이미지가 상당히 넓게 나타나고 있다.

꽃은 섬세한 생명력의 상징이며, 새로운 세계의 열림을 상징하는 자연물 중의 하나다. 꽃이 순수한 생명체로서 하나의 완성된 세계를 구축한 대상인 만큼 시인 자신이 겪은 시련을 겪어 낸 치열하고도 적극적인 표상으로서의 꽃과 동일시하여 승화시켜 바라보고 있다.

## 4. 세태 풍자의 시(詩)

시인이 가지고 있는 개인적 정서를 독자에게 전달해서 감동시키려는 방법이 시의 언어를 통한 이미지의 형상화 작용이고, 이 이미지가 지니는 언어적 한계를 무한히 넓혀, 언어 이상의 본질적 세계로 이끌어 가는 작용이 시에 있어서의 상징화 작용이다.

개별적인 시어(詩語) 하나하나의 형상성보다 시 전체적 상징이 보다 더 근원적 진리에 접근하는 작품이 될 것이다.

나무는 말도 없고 천성이 위만 즐겨
나면서 종말까지 하늘만 쳐다보네
선 자리 낭어덕 되어도 옮길 줄을 모르고.

흙 내음 맡으면서 살려던 움막집이
아파트 바람몰이에 걸려든 덫꼴되어
광풍이 흔들리는 뿌리 어이없이 뽑히나.

- 〈덫에 걸려〉 첫째, 둘째 수

씁씁은 한 없어 채워도 차지 않는
굳은 땅 물이 괸다 익혀 온 우리인데

어느새 물(物)귀신 되어 출세하고 고랑 차고.

- 〈용돈〉 둘째 수

버려진 독물이사 씻겨 가면 그만일까
스며든 오폐수는 더욱 어찌 감당하려
지구는 내 몸통이네 맑고 고운 핏줄을.

- 〈물 물 물〉 셋째 수

시인(詩人)도 사회 속에 묻혀 사는 존재이고 보면 인간 세태를 도외시하고 살아 갈 수는 없다.

〈덫에 걸려〉는 너른 세상에 나가 하고 싶은 일들이 한두 가지이겠는가. 그러나 뿌리내려 살던 곳, 그곳은 바로 시인의 고향일 수도 있는데 발부리를 덮고 있는 삶의 터전인 고향의 흙들이 개발의 바람을 타고 날이 갈수록 씻겨져 내려가고 있는 것을 안타까운 심정으로 그려내고 있다.

〈용돈〉은 신문지상에 오르내리던 큰손들의 비리를 보고 풍자한 시다. 시인은 원형적 상징의 세계를 어느 정도 의식적으로 작품 속에 투영시켜 시 창작을 시도할 수도 있다. 못이 박히도록 굳은 의지를 가지고 오늘보다는 내일이 조금은 나아질 것이라는 소망 하나로 살아 온 시인은 큰손들의 소식을 접하면서 아직도 넉넉하지 않은 채 살고 있는 공허감이 시인의 마음을 흔들리게 하고 허탈한 웃음을 웃게 만들고 있다.

〈물 물 물〉은 요즘 전 국가적으로 심각하게 대두되고 있는 환경문제를 그려내고 있는데, 우리가 살아가고 있는 이 지구를 바로 시인의 몸통으로 환치시켜 사람이 곧 자연이고 자연이 곧 사람이라는 점을 극명하게 대비시켜 표출해 내고 있다.

어렵고 답답한 시대를 살면서 자신의 몸이 망가져 내리는 것 같은 아픔으로 환경을 바라보는 시인의 시선이 얼마나 애절한가.

### 5. 생활(生活) 속의 시(詩)

시의 고유한 목적은 자기표현이다. 시가 진실해야 한다는 요구는 시가 자연스럽고 진심에서 우러나고 성실해야 한다는 요구이다. 말하자면 시가 시인의 감정과 정신 상태의 가식 없는 순수한 표현이어야 한다. 이처럼 성실성의 개성론에서 보면 시는 자전적이고 고백적이어야 한다.

막내가 제주도로
수학여행 가랴 묻기

아내며 나 역시도
흔쾌히 허락 했네

사남매
가르치던 때
아쉬웠던 일 한둘인가.

- 〈수학 여행〉 전문(全文)-

친정 마을 떠날 무렵 베틀 말코 감던 누님
지병에 몸 겨워도 "이사 전에 베틀 내야 해…"
한사코 떠나야 하는 길 돌아 돌아보시던.

쪽지에 주소 적어 물어 찾은 봉동리 마을
뻐꾸기 울어 에던 칠흑 밤 설운 그 날
누님의 아련한 말씀 듣다 잠든 철부지여!

-〈추모 · 1〉 첫째, 셋째 수-

짐스런 잎과 열매
하나하나 덜어 내고

힘겨운 눈보라를
소르시 이겨 내듯

이순의
고갯길에서
추스르는 등짐을.

-〈이순의 고개〉 전문(全文)-

보고파 할어버이
전화를 걸었더니

저도 그렇더냐
왈칵 우는 목소리에

너와 내
이 간간한 정

어이 어찌 이르랴.

-〈기른 정〉 둘째 수

위에 든 작품들은 생활 속의 즐거움을 잔잔하게 그려내고 있다. 아니 애잔한 눈빛으로 바라보아야만 맛을 느낄 수 있는 가슴 찡한 작품들이다. 특히〈이순(耳順)의 고개〉는 시인 자신의 삶의 자세를 적절하게 표현하고 있다.

아직도 할 일이 많이 남아 있음을 〈추스리는 등짐〉쯤으로 응축시켜 재출발의 시도를 다짐하고 있다.

## 6. 부인(婦人) 이말영(李末榮)의 시조(時調)

우리 속담에 당구삼년(堂狗三年)이면 음풍월(吟風月)이란 말이 있다. 서당개 3년이면 풍월을 읊는다는 말이다. 시조집 뒷쪽에 부인 이말영(李末榮) 여사의 시조 다섯 편을 선보였는데 시조 다섯 편을 통하여 끈끈한 부부의 정을 느낄 수 있다. 작품 다섯 편을 읽으며 평자(評者)는 이여사(李女史)의 시적(詩的) 재질(才質)에 놀라움을 금할 수가 없다.

갑년(甲年)의 연세에 계신 분이 쓴 시조라고 느끼기가 어려울 만큼 시의 내용이 젊고 힘차다. 얼마간의 수련만 쌓는다면 정식 시인 데뷰도 가능하겠다는 느낌은 찬사로 하는 이야기만은 아니다.

계룡산 상상봉에

벼랑 타고 노는 선녀

다홍치마 푸른 저고리
술 한 잔 하셨는가

비바람 안고 추는 춤
나도 따라 놀았지.

- 〈단 풍〉 전문(全文)-

금붕어 여섯 마리
우리 집 재롱동이

바람만 얼씬해도
오르르 모여든다

어찌해
목숨을 이어 줄까
방생 대신 밥 주네.

- 〈금붕어〉 전문(全文)-

〈단풍〉은 색채의 이미지가 선명하게 나타나는 선계(仙界)를 그려내고 있다. 몰아의 경지에서 시적 화자와 시인이 하나가 되어 지상(地上)과 선계(仙界)를 자유롭게 넘나드는 시상의 전개가 놀랍도록 긍정적이고 자유스럽고 운신하는 폭이 넓다.

〈금붕어〉는 생명 존중의 정신으로 깊은 감명을 주는 작품이다. 사람 그림자만 얼씬거리면 멀리 달아나는 것이 요즘 동물과 인간 사이인데, 밥 주고 물 갈아 주며 기른 정을 물고기라는 한낱 미물도 알아주는지 〈오르르 모여든다〉는 싯귀에서 지은이의 따스한 정이 물씬 풍겨나는 작품이다.

그러나 지은이의 동물 사랑 정신은 거기에서 머물지 않는다 온갖 정성을 들여 기르고 있음에도 방생해 주지 못하는 안타까움이 불심(佛心)이 가득한 가슴에는 아쉬운 자욱으로 남아 있다. 여성으로서 불자(佛者)로서의 섬세하고 포근한 마음이 마냥 정겹게 느껴진다.

## 7. 맺으며

시조(時調)도 시(詩)인 바에야 시 속에는 아름다움이 들어있고, 은유가 있고, 이미저리가 극명한 시라야 좋다. 어느 한 분야에서 두각을 나타내며 전문가라는 소리를 듣기 까지는 남 모르는 각고의 노력과 정열과 투혼의 정신이 필요하다.

김영환 시인(金永晥 詩人)의 시(詩)는 시인과 대상물이 일정하게 객관적 거리를 유지하고 있다는 특성이 있다. 우리는 수록된 작품에서 단 한 편도 시조의 틀에서 벗어난 것을 발견할 수가 없다. 이는 시조에 대한 그의 사랑이 얼마만큼 큰지 알 만한 것이다.

건강한 시 정신과 정력을 바탕으로 노익장을 과시하며 건강한 시, 젊은 시, 달관의 시를 계속 빚기를 바라면서 문운(文運)을 빌어 마지 않는다.

# 원숙한 경지에서 그려낸 애정의 미학

## 김영환 시조집 『가을 나그네』

호산(湖山) 김영환 사백은 만나 뵐 때마다 푸근한 정을 느끼게 하는 분이다. 우리 시대에 흔하게 대할 수 있는 그렇고 그런 분이 아니다. 상대의 연령에 구애받지 않으시면서 다정다감한 대화의 실타래를 술술 풀어내시는 화술(話術)에 감탄할 지경이다. 이것은 말씀이 많다는 것을 의미하는 것이 아니라 상대방에 어울리게 화제(話題)를 택하여 묵시적으로 드러나지 않게 많은 생활의 가르침을 주시는 이 시대의 어른이시라는 것을 느끼게 하는 충청도 선비라는 이야기이다.

호산 사백이 오랜 침묵을 깨고 두 번 째 시집 『가을 나그네』를 상재하셨다. 이 시집은 Ⅰ. 삶의 여울, Ⅱ. 그리운 정, Ⅲ. 소중한 만남들, Ⅳ. 산천을 오가며, Ⅴ. 세월의 향기 등 상통하는 주제들을 모아 다섯 마당으로 엮어져 있다.

호산 시인의 시 세계는 한마디로 말해 시인 특유의 상상력과 생활 모습에서의 일면을 융해시켜 쉬우면서도 산뜻한 시 작품으로 형상화 하는 가운데 독자들로 하여금 정을 느끼게 하는 작품이 주조를 이루고 있어 탁월한 시적 재질을 갖추고 있음을 간파할 수 있다.

우선 표제 작품 「가을 나그네」를 감상해 본다.

황금빛 이는 들판 새우등 살 오르고
소슬한 바람 이니 은행잎도 흩날리네
모은 손 나목의 기도 읊고 있는 무소유.

흐르다 굽이돌고 때로는 고여 앉아
별무리 담아 놓고 달빛도 어우르네
무지개 고이 핀 마을 꿈을 낚는 여로여!

-「가을나그네」 全文

가을이라는 계절은 그 상징성에 있어 이중적이다. 한 해를 결산하며 조용히 마감을 기다리는 허무성과, 오곡백과가 알차게 영글어가며 인간 세상을 풍성하게 하는 풍요로움이다. 이 작품 또한 그러한 가을의 이중성이 절묘하게 혼재(混在)되어 나타나고 있음을 알 수 있다. 〈황금빛 이는 들판 새우등 살 오르고〉에서는 풍요를 노래하면서, 또 한 편 〈소슬한 바람 이니 은행잎도 흔들리네〉, 〈나목의 기도〉, 〈무소유〉라는 싯귀를 통해 허전한 감정을 노래하고 있다. 절묘한 방법으로 가을을 노래하며 〈무지개 고이 핀 마을〉에서 또 다른 세상을 기대하며 〈꿈을 낚는〉 계절의 여로를 그리고 있어 희망적으로 작품을 마감하였다.

나 그대
없으시면
저 황야 어찌 건너

나 그대

있으시니
이 고운 밤을 넘지

아, 님아
언제까지라도
함께 넘고 건너시리.

-「그대」 全文

그대가 상징하는 대상은 다양하다. 가깝게 본다면 배우자에서부터 시작하여 무궁무진하다. 그대가 있어 거친 황야도 건널 수 있었고, 그대가 있어 어두운 밤을 곱게 넘길 수 있었다는 이미지로 보아 가까이에 있는 대상일 것으로 해석된다. 아내를 대상으로 썼다면 아내에 대한 곡진한 고마움을 직접 말하지 못하고 시를 통해 고백하는 선비로서의 멋을 부린 것이며, 이웃이나 더 넓은 바탕으로 생각하였다면 더불어 살아온 인생길이었음을 고맙게 생각하며 영원토록 함께 하자는 다짐으로 서술하고 있어 호산 시인은 다정다감한 정(情)의 소유자임을 알게 한다.

줄서기
아니하니
밀려날 근심 없고

금붙이도
아니 가져
지킬 걱정 없어라

글 읽고
시나 읊으며
세상 지켜보느니.

-「요새는」 全文

이 작품은 벼슬길에서 물러나 자연과 더불어 여유 자적하는 전통적인 선비 모습을 생각하게 하는 작품이다. 시인 자신이 평생을 머물렀던 공직에서 물러나 야인(野人)으로 돌아왔으니 남의 눈치 볼 것도 없고, 공직자로서 한 평생 살아왔으니 엄청난 재물도 소유할 수 없었음은 뻔한 일인데 도둑맞을 걱정도 없이 그저 시인답게 글이나 읽고 시나 읊으며 살겠다는 의지의 표현이다. 이것이 표면상에 나타난 이 시의 내용일 것이다.

그러나 조금만 더 깊게 생각해 보면 신랄한 사회 풍자의 시라는 것을 알 수 있다. 제 할 일은 제대로 하지도 않으면서 그저 남에게 잘 보여 줄이나 잘 섰다가 출세나 하고 보자는 세상 사람들의 꼬락서니를 풍자하고 있으며, 돈 밝히며 부정한 재산을 긁어모으다가 끝내는 발각되어 법의 심판을 받는 부패한 고관들을 힐난하고 있어 시의 묘미를 한껏 고조시킨 비상한 시재(詩才)를 가진 시인임을 짐작할 수 있다.

누나 쓰던 반짇고리
잡고 울던 어머님

엄마 얼굴 바라보다
나도 따라 울었더니

노을빛
덧없는 하늘
그리움이 젖습니다.

-「누님 생각」 두 수 중 첫수

호산 사백은 정이 많은 시인이라는 것을 앞에서 말한 바 있다. 〈누나〉〈엄마〉 등의 어휘를 통하여 현 시점(時點)에서의 누이 생각이 아니라 시의 공간을 시인의 어린 시절로 돌아가 어머니와 누나를 함께 그리워하고 있다. 이미 두 분은 세상에 계시지 않지만 세월 갈수록 모락모락 정이 솟아남을 어쩌지 못하며 그리움을 한껏 고조시키고 있다.

연꽃같이
고운 효심
온돌같이 따뜻한 정

잔잔히
흐르다가
때로는 솟구치며

동서양
무시로 넘나네
번득이는 시편들.

-「그대의 강」 全文

셋째 마당은 주제를 「소중한 만남들」이라고 하여 시인 주변의 소중한 만남을 서술하고 있다. 위 작품은 「청랑 시집을 받고」라는 부제(副題)가 붙어있는 작품으로 첫째 연에서 시집을 발간하여 보내준 상대 시인의 인간성에 대하여 노래하고 있으며, 둘째 연에서는 받아 본 시집 속에서 느끼는 작품의 경향성을 그리고 있다. 〈잔잔하게 흐르다가〉라는 것은 서정성 있는 작품들을 쓰면서 한 편으로는 못마땅한 현실 사회상을 볼 때는 〈솟구치는〉이라고 표현하여 풍자시도 들어 있음을 짧은 시어로 대변하고 있으며, 〈번득이는 시편들〉이라는 텍스트에서 보듯이 받아 본 시집의 수준을 이야기하며 시인 자신도 많은 공감을 느낀다는 표현이다.

맨살로 바위 안고 늘 여기 서 있는데

비 오거나, 눈 오거나, 번개치거나, 바람 불거나, 구름
끼거나, 햇살 돋거나, 힘센 놈이 잡거나, 찢거나, 꺾거
나, 밟거나, 산산이 으깨거나 말거나

돌 틈에 시린 발 담고 그냥 살다 갑니다.

-「노숙목(露宿木)」 全文

호산 사백은 시조의 정통성을 강조하여 주로 평시조를 써오는 분이다. 그런데 작은 변화를 추구하고 있다. 이 시집에서는 두 편의 사설시조가 들어 있어 필자의 눈길을 끌었다. 첫 번째 시집에서는 보지 못했던 일이어서 관심을 끌기에 충분하였다. 이것은 호산 사백의 시 세계가 조금씩 변하고 있음을 느끼게 하여 앞으로 관심을 가지고

지켜볼 만한 일이다. 이 작품은 산행 길에서 발견한 절벽 위, 또는 바위틈에 홀로 서 있는 나무의 모습을 통하여 마음이 찢길 대로 찢긴 채 살아가고 있는 이 시대의 노숙자를 대변하고 있다.

몇 몇 작품을 통하여 호산 시인의 두 번째 시집 『가을 나그네』를 살펴보았다. 시인 주변의 삶에서 인간 사회의 정을 느끼며 살아가고 있음을 많은 작품을 통하여 원숙한 경지에 도달하여 있는 호산 시인의 안목으로 서정성 짙은 시경(詩境)을 열어 가며, 사회의 부정부패에 대하여는 가차 없이 채찍을 휘둘러대는 시편들을 감상하면서 시에 관심이 있는 독자들의 일독(一讀)을 권하고 싶은 시집이라는 점을 감히 말하고 싶다.

삶의 지혜가 충만한 가운데 혜안(慧眼)으로 사물을 바라보는 달인(達人)의 경지에 들어선 호산 시인의 두 번 째 시집 『가을 나그네』 발간을 충심으로 축하드리며 번뜩이는 시재(詩才)를 바탕으로 많은 사람들의 심금을 울리는 훌륭한 시 많이 빚으시기를 빌어본다.

# 역사와 향수가 어우러진 시의 향기

## 김영환 시조집 『계룡의 영지 두마별곡』

### 1. 프롤로그

호산 김영환 시인이 『고향길』(1995), 『가을 나그네』(2002)에 이어 세 번째 시집 『계룡의 영지 두마별곡』을 상재한다. 우리 겨레의 핏줄을 타고 면면이 이어져 오는 정신이 바로 선비 정신이다. 무릇 선비는 학식과 겸양도 필요하지만 여유와 강직한 성품도 또한 지녀야 된다고 볼 때 호산 김영환 시인야말로 영락없는 선비의 전형적인 모습과 학식을 고루 갖춘 이 시대의 어른이다.

시는 언어를 떠나서는 존재할 수 없으며 언어의 일반적인 기능에서는 찾아낼 수 없고 오직 언어의 특수 기능을 밝힘으로써만 시의 본질이 밝아지는 것이다. 시인은 시를 쓸 때 막연히 느끼고 있으나 정확한 표현을 내릴 수 없는 것을 보다 잘 알기 위하여 또는 깊은 인식을 위해 그 언어를 매개로 새로운 언어를 만들어 가는 것이다.

무릇 시인이라면 문학을 통하여 한국인으로서 지녀야 할 얼(정신)을 심어 주는 기수여야 한다. 호산 시인의 『계룡의 영지 두마별곡』은 끈끈한 역사와 겨레의 핏줄에 뿌리를 두고 있으며 그 위에 현실성과 인간관계를 튼튼한 줄기로 하고 있음을 본다. 호산 시인은 향토 문화를 전승하고 이어가고자 이 시집을 상재하는 바, 그 숭고한 정신이야말로 지역 발전과 한국의 정신문화 발전에 빛나는 발자취로 남을 것임을 믿어 의심치 않는다.

## 2. 산태극(山太極) 수태극(水太極)의 영지(靈地), 계룡

조선 시대 새로운 도읍지로 터까지 닦았던 신도안이 바로 얼마 전 계룡 특례시로 지정된 두마면 일대이다. 그 만큼 한 나라의 도읍지로서의 면모를 갖추고 있는 겨레의 영지(靈地)가 호산 시인이 태어난 충남 논산시 두마면이다. 계룡산의 능선과 굽이치는 금강의 형상이 태극 모양을 하고 있어 정감록이나 도참설에 의하면 국운을 이끌어 갈 영지로 언급하고 있다. 호산 시인은 작품 첫머리에 민족의 영산 계룡산을 먼저 노래하고 있다. 계룡산은 충남과 대전의 상징이며, 예로부터 신라 오악(5岳), 조선 3악(3岳) 중의 하나로 풍수지리적 대길지(大吉地)로 알려져 있는 곳이다.

예 듣던 구곡구천
계룡산 올라서면

산등성 꿈틀꿈틀
생기어린 영산임을

천지연 백두대간의 정기 금남정맥 타고 왔네.

용추물 맑은 줄기
돌아 금강 서해 든다

산태극 수태극의
화합 영지 예 아닌가

계룡산 구 봉의 둘레 배달 겨레 태극이여!

-「계룡산 9봉가」: 예찬 全文

이 작품을 읽다보면 송강 정철의 「관동별곡」을 떠올리게 된다. 관동 지방의 명승지를 송강과 같은 문학의 대가(大家)가 그려냈듯이, 천하명산 계룡산 일대의 명승지를 그 고장 출신인 호산 시인이 그의 예리한 문학적 재능과 필치로 유감없이 그려내고 있음은 극히 자연스러운 일이다. 그러나 그 일은 아무나 할 수 있는 일이 아니다. 필자는 이 시집 원고본을 읽으면서 저 유명한 대동여지도를 만든 고산자 김정호의 노고를 생각하였다. 호산 시인도 『두마별곡』을 엮어내기 위하여 계룡산과 두마면 일대를 여러 차례 답사하고 지역에 살고 있는 노인들에게 자문도 구하며 온갖 수고를 아끼지 않았다고 한다. 계룡산이 품고 있는 봉우리 장군봉, 신선봉, 수정봉, 삼불봉, 연천봉, 문필봉, 관음봉, 쌀개봉, 천황봉 등 9개의 봉우리를 모두 노래한 작품을 읽으며 삶이 지칠 때마다 찾아갔던 계룡산에 대한 친근감이 인다.

예문은 들지 않지만 『신도안과 계룡산』도 눈여겨 볼만한 작품이다. 내용은 물론이려니와 그 형식면에서 새로운 모습을 보인다. 시조가 가사에서 유래되었다는 이론도 있지만 이제 시조는 명실 공히 독특한 한 장르를 이루고 있는데 이 시집 속에는 『신도안과 계룡산』을 비롯하여 몇 몇 작품이 중장에서 가사체를 띄고 있는 바, 이것은 시조와 가사를 접목시키고자 하는 의미 있는 시도로 평가될 만하여 중요한 바를 시사한다.

석계리 북쪽으로 큰 마을 펼쳐지니
이 태조 등극하고 무학대사 대동하여
여기에 궁궐을 짓고자, 역사했던 대궐 터.

-『대궐 터』 2수 중 첫째 수

대궐 터 명당자리 취락을 회상하면
중장 생략
취락지 어우르면서 오순도순 살았더니.

-『대궐 명당』 일부

이 태조 개국하고 신도읍지 물색할 제
용수말 지나다가 이 샘물을 마시었다.
국사봉 제지낼 제 이 샘 길어 올렸다네.

-『용수정(龍水井)』 2수 중 첫째 수

두마면 석계리 일대에는 대궐에 관한 설화와 유적지가 많다. 집 한 채만 새로 사는 데에도 우리는 몇 번씩 살펴보곤 하는데 하물며 일국의 도읍지를 옮기는 일이었으니 얼마나 심사숙고 했겠는가! 오가는 길에 이 태조가 마셨던 우물이라 하여 전해오는 용수정을 비롯하여 대궐 명당, 〈신도안 넓은 도읍지 열어간다 개판이〉(『개판이』 종장) 등 천도와 관련한 유적과 설화들이 참으로 많다. 오늘날 세심하게 준비된 청사진이나 마스터 플랜도 없이 얼떨결(?)에 표 얻으려고 수도를 옮긴다고 한 것은 아닌지, 일국의 대사를 즉흥적으로 하는 것은 아닌가 하는 국민들의 염려가 있음도 부인하지 못할 일이 천도하는 일 아닌가.

### 3. 유사 신흥 종교의 메카

시의 소재는 무한한 것이다. 생각 없이 흐르는 물에서도 시상은 얻을 수 있는 것이며, 소리도 모양도 없이 부는 바람에게서도 시인은 시를 얻는다. 호산 시인은 우리 민족들의 유사 신흥 종교에 눈길을 돌리고 있다. 계룡산 일대는 온 국민이 다 알다시피 유사 신흥 종교가 꽃을 피웠던 곳이다. 계룡산 기슭마다 마을마다 신흥 종교의 흔적이 말도 못할 정도로 산재되어 있었음을 알 수 있다. 이것은 좀 더 연구해 본다면 민속 신앙과 연관되어 귀중한 학계의 자료가 될 수 있을 것이다.

> 부남리 영지런가 신흥종교 번창할 제
> 선교적 종교 단체 무량 천도 · 천지대안교 · 동학회 중앙본
> 부 · 수운교 · 천도교 신도내교구요. 유교적 종교단체 모성
> 존도원 · 단군전 · 신령도덕교요. 불교적 종교단체 청룡암 ·
> 내봉암 · 정토사
> …중략(中略)…
> 신도안 천하제일 명당 터 심령론자 모였더니.
>
> -『부남리 신흥 종교』 일부

이 작품 외에도 『용동리 신흥 종교』, 『석계리 신흥 종교』 등 유사 종교에 관한 이야기들이 많이 있다. 계룡산 기슭 신도안에 육·해·공군 3군 본부가 들어오면서 신흥 종교의 암자들이 모두 강제로 철거된 곳이다. 유사 종교를 믿는 사람들이 얼마나 많았기에 계룡산에 모여드는 사람들을 위하여 계룡산 입구 양정에 신도역이 생긴 것이다.

인간은 정신적 위안이 필요할 때 종교에 의지하여 왔다. 현실 세계의 갈등과 불안이 심할 때마다 내면적으로 침전시켜 삭이다가 다른 어떤 영험한 사물이나 생각에 의지하여 해결하고자 생겨난 것이 종교 아닌가. 신도안의 신흥 종교는 1950년대에 최성기를 이루었다는 연구 보고가 있는데 한국적 도참사상인 정감록에 기독교의 말세관(末世觀)을 계시한 묵시록적(黙示錄的) 사고방식을 도입시켜 계룡산 정씨(鄭氏) 왕운(王運)의 신천지 건설과 말세 심판 후의 천주(天主) 재림(再臨)에 의한 기독교적 천국관을 혼합시킨 종교들이라 할 수 있다. 이들 신흥 종교는 교리도 주장도 의식도 각양각색인데 형식적으로 표방하는 표면상의 교리 내용은 공통적으로 동학적 종교에 있어서는 선(仙), 불(佛), 유(儒) 3교(敎)를 포괄 지향한 신도(神道) 사상(思想)을 주장하고 있고, 서학적(西學的) 종교에 있어서는 기독교적 교리를 주장하고 있는 것들이 많다. 시절의 변화를 실감나게 하는 작품으로 여겨지지만 아직도 점술가들이 도처에서 판을 치고 있는 걸 보면 실로 종교라는 것은 말로 설명할 수 없는 묘한 부분이 있는 듯싶다.

## 4. 우리말의 근원과 아름다움

우리말이 한자화(漢子化) 되면서 순수한 우리말의 아름다움이 많이 잊혀 지게 되었다. 그러나 아직도 시골에 가면 어른들 사이에서 상당수 남아 있는바 호산 시인은 여기에 착안을 하여 우리말의 아름다움을 찾아내려 힘쓰고 있다. 대단한 학자들만이 할 수 있는 일이 아니다. 학자가 따로 있는가! 남보다 관심을 가지고 좀 더 깊이 연구하는 것이 학자가 아닌가.

천마산 양정고개 호남 쌍 철 휘어 넘고
향적산 동남 줄기 구럭재 뭉쳐 있네
옛날에 유명한 절간 있어 음절 또는 엄사리.

엄사리 앞들에는 논과 밭 기름지고
검배, 윗말, 음절, 아랫말, 양정고개, 연화동
지금은 상전벽해 이뤄 아파트 · 상가 들어섰다.

-엄사리(奄寺里) 전문

계룡 특례시의 중심부에 해당하는 지명이다. 대전에서 논산으로 가는 길목 중간쯤에 있는 지명으로 옛날에는 계룡산 줄기로서 야트막한 산만 있었는데 지금은 택지로 조성하여 많은 아파트와 상가가 들어선 곳이다. 마을 이름인 엄사리를 통하여 보더라도 옛날에 절이 있었던 듯싶다. 순전히 우리말인 〈음절〉이 한자화 하면서 엄사리로 바뀐 것이 아닌가 싶은 지명이며 검배, 윗말, 아랫말 등 친근감 있는 순수한 지명들이 나오는 것은 참으로 다행스러운 일이다. 이렇게 하여 아름다운 우리 말 찾기에 좋은 실마리가 되었으면 싶다.

정감록 비기책과 정도령 이야기라

비기에 이르기를 이씨는 한양땅요 정씨는 계룡산요 조씨는 가야산요 범씨는 전주땅요 완씨는 모모처요 그때와 변할 모습 차례차례 비책하니 "무너미재" 물넘으면 신도개판 이룬다고 함경도에 황해도며 경상도에 전라도며 각도사람 줄이 줄줄 신도안골 이사왔네.
…중략(中略)…

아닐세 정도령 치성드려 신도개판(新都開板) 이룬다네.
-『신도안 정도령 일부

시의 소재가 무엇이든지간에 시인은 결국 인생을 노래하는 사람들이다. 인생을 젖혀 놓고 주변의 잡다한 변죽만 울린다면 누가 시를 읽겠는가. 우주의 원리는 생명이 있든 없든 생성과 소멸의 과정을 반복하는 것이다. 인간 세상이 어차피 간이역이라고 볼 때 어떻게 살아야 할 것인지는 독자들이 판단하여 삶의 방법을 생각할 몫이다.

신도안, 계룡산 하면 무엇보다도 정도령 이야기며 정도령에 관한 책 정감록을 이야기하지 않을 수가 없다. 이 작품은 그러한 비기(秘記)에 초점을 맞추고 있다. 이 작품에서 보듯이 이씨는 한양땅요 라고 한 것을 보면 정감록은 조선 초기 이후에 쓰여 진 것이 아닌가 싶은데 아직은 정씨가 왕이 된 일이 없으니 「정감록」이 더욱 빛을 보려면 앞으로의 시절이나 기대해 봄직하다.

## 5. 충과 효와 열의 고장, 두마

우리 민족이 가장 으뜸가는 생활 태도로 삼은 것 중의 하나가 나라에 충성하고 부모에 효도하라는 것이었다. 적어도 우리 한민족에게는 지상 최대의 삶의 지향점이었을 것이다. 이런 관점에서 볼 때 지형학적으로 도읍이 될 만한 땅이니 충신이며, 효자며, 효부가 없었겠는가. 호산 시인은 바로 이 점에 눈길을 둔다.

유복자 김덕공은 본향이 광산이라
조부모 편모슬하 팔 세였던 어느 날
상주로 예를 다 갖추니, 웃어른들 놀라셨다.

아홉 살 때 모친 병환 지극 정성 간호할 제
손수 다린 탕제 올려 삼 년을 더 사시니
조정이 감동하여 내린, 효자 정문 유원하다.

-『효자 정문』 전문

이 작품은 두계리에 있는 효자 정문에 관하여 읊은 시이다. 이것은 전설도 아니고 설화도 아니며 조상 대대로 실제 사실을 바탕으로 하여 실물로 전해 내려오는 엄연한 역사적 사실을 근거로 읊은 시이다. 유복자로 태어나 조부모를 극진히 모시다가 여덟 살에 상을 당하고 상주로서의 예를 다하는 의젓함을 칭송하였으며, 다시 일년 만에 모친이 병환에 드시니 손수 탕제를 다려 지극 정성으로 간호한 결과 삼년을 더 연명케 하여 조정에서 효자 정문을 하사한 사실을 볼 때 요즘 아이들을 생각하지 않을 수가 없다. 물론 시대적인 가치관 차이는 있는 것이지만 지금 아이들은 저 자신 밖에 모르는 세태를 웅변으로 힐난하는 호산 시인의 깊은 뜻을 읽어야 할 것이다.

> 전주 이씨 이인덕의 처 의녕 남씨 행장인데
> 외아들 이조순이 서당 갔다 온 6세 때
> 남편의 유언을 전해 주고, 목을 매어 종부하니.
>
> -『열녀문』 2수 중 첫째 수

> 사계선생 배필 되어 후덕을 베푸시고
> 선생이 타계하자 자결로 삼종지의
> 성균관 포상을 내려 후인들의 사표시네.
>
> -『순천김씨 정려』 2수 중 둘째 수

『열녀문』은 두마면 엄사리에 전해오는 전주 이씨의 행적을 그린 것인데 남편이 세상을 뜨면 따라 죽는 것이 정말로 옳은 도리인 줄은 모르겠으나 그 당시에는 그것이 최고의 덕행으로 삼았던 모양이다.

금암리에 있는 『순천김씨 정려』 작품에도 사계 김장생 선생이 타계하자 그 부인이 따라 죽는 것으로 삼종지도를 몸소 실천하였다고 역사는 기술되어 있다. 우리는 늘 주변의 가까운 이들이 요절을 하거나 천수를 채우지 못하고 타계하는 것을 보며 주체하지 못할 슬픔과 안타까운 마음을 금치 못할 때가 많다. 남들도 그러할 진데 살을 맞대며 살아온 부부로서의 슬픔이야 다할 나위없음을 짐작할 수 있다.

충과 열과 효의 기준은 시대에 따라 변하는 것이니 무어라 왈가왈부할 수는 없는 것이지만 어쨌든 효자, 열녀, 충신이 많았다는 것은 올곧은 선비가 많았다는 사실이니 후세 사람들은 우러러 보아야 할 것이다. 이 작품 외에도 입암리에 있는 『삼덕문』 등 여러 편이 눈에 띈다.

## 6. 현실에서 바라보는 역사의 반추

고향에 대하여는 많은 시인들이 수많은 작품으로 형상화하였다. 그토록 많이 그려낸 고향임에도 고향은 아직도 많은 사람들의 시상을 우려내고 있다. 사람마다 살아온 방식이 다르고 경험과 우여곡절 또한 다르기 때문이다. 호산 시인은 과거를 꿰뚫어 보는 뛰어난 역사 의식과 현실을 예리하게 비판하고 증언하는 현실 의식, 그리고 미래를 내다보며 지도 조언을 아끼지 않는 진실한 인간성을 함께 겸비한 선구자로서의 작품들을 빚고 있다.

논산시 두마면 금암리에 가면 커다란 시비(詩碑)가 있다. 바로 호산 시인의 『염원』이 새겨져 있는 시비이다. 그 내용을 적어본다.

> 두리봉 영기 타고 우뚝 솟은 추모비여!
> 의로운 이 사실을 알알이 담고 서서
> 이 고장 청사에 남아 길이길이 빛나라.

후세의 사람들이여, 귀감으로 삼으시라
그리고 오래도록 전승해야 할 것이
다시는, 다시는 동족상잔의 뼈아픈 비극 없게 하라.

화해는 관용과 포용 한 핏줄 이어지고
너와 나 더불어 한 가슴이 되어서
충의로 연연한 이 고장 지켜가야 하느니.

-『염원(念願)』 전문

이 작품은 동족상잔의 육이오를 겪으며 나라를 위하여 싸우다가 숨져간 호국 영령들에 대한 추모의 정을 담고 있다. 이러한 작품은 교훈성이 목적이므로 그 뜻이 애매모호하거나 어려워서는 안된다. 쉽게 이해할 수 있고 쉽게 받아들일 수 있어야 하는데 그런 면에서 이 작품은 의도한 만큼 충분한 목적을 달성한 시이다. 시를 새긴 바위는 닳아 없어지더라도 시에 담겨 있는 시인의 숭고한 정신은 자손만대로 이어지기를 빌어마지 않는다.

호산 시인이 고향 구석구석을 답사하는 길에 고향 옛집을 그냥 지나칠 수가 없었음은 극히 자연스러운 일이다.

창살에 돋는 아침 참새무리 지저귀고
고샅길 들쑥날쑥 종종걸음 치던 마을
으뜸산 외로운 하늘 흰구름만 솟는구나.

수몰보다 낫지 않소 여윈 가슴 달래봐도
아련한 그 시절이 삼삼이 피는 것을

태초의 가락 찢기는 소리 옥동자나 낳아주렴.

-『고향에 와도』 전문

고향의 옛집에 들러보면 가슴 속 깊은 곳에서 우러나오는 그리움을 어찌 말로 다 표현하랴. 같이 놀던 동무들은 간 곳이 없고 옛날로 돌아가고 싶은 마음은 굴뚝같은데 세월과 현실은 나를 이해하지 못한다. 그러나 나쁘게만 생각할 수는 없다. 고향이 수몰되어 보고 싶고 가고 싶어도 못가는 사람들도 많은데 아무 때고 올 수 있는 고향이 남아 있는 처지만으로도 다행이라 여기는 시인의 마음이야말로 긍정적이다.

## 7. 마감하는 말

시가 시인의 개인적 정서를 노래하는 것이지만 시인의 손을 떠나고 나면 독자들에게 더욱 좋은 시가 되어야 한다. 좋은 시란 시인의 손 안에 있을 때보다 독자들의 품에 들었을 때 더욱 독자의 가슴을 뭉클하게 해주어야 하고 시인의 가슴 이상으로 두드려 주는 그 무엇이 있어야 한다.

『계룡의 영지 두마별곡』은 정형을 지킨 작품을 근간(根幹)으로 하면서도 사설시조와 가사의 형식을 접목하는 등 다양한 시도를 보이고 있어 그 형식면에서도 변화를 추구하고 있지만, 내용면에서도 읽을수록 향수가 우러나오는 감흥을 주체할 수 없도록 하는 매력을 지니고 있다. 호산 시인의 시는 역사적으로 전해 내려오는 통시적

(通時的)인 사실들을 날줄로 하고 시인이 살고 있는 현시대의 공시적(共時的)인 사실들을 씨줄로 하여 고향에 대한 정과 한, 사랑과 고뇌 등을 가장 한국적인 방법으로 감동어린 상상의 세계로 독자들을 끌어가고 있다.

호산 시인이 뚜렷한 목적의식을 가지고 야심적으로 쓴 이 시집은 문학성 위에 교훈적인 효과도 얹어 표현하고 있어 후세 사람들에게는 역사 교과서로, 그리고 선인들의 행적을 연구하는 사람들과 향토 사학자들에게는 훌륭한 참고 텍스트가 될 것을 믿어 의심치 않는다.

호산 시인은 든든한 역사적 이미지의 바탕 위에 새로운 유추의 접목을 통하여 지금까지와는 전혀 다른 새로운 관념을 소생시키고 있으며, 특히 형식면에서 주어진 전통의 형식과 율격 속에서도 얼마든지 새로운 시적 유추를 감당할 수 있음을 모범으로 보이고 있다.

# 정감과 통한(痛恨)으로 엮은 산야(山野)의 노래

## 김재수 시조집 『휴전선의 아침』

### 1. 시(詩)의 특성에 대한 이해

시(詩)란 무엇인가 하는 물음은 어찌 보면 어리석은 질문인지도 모른다. 최초의 인간은 바로 최초의 시인이었다는 말이 있듯이 인류가 살아오면서 나름대로의 정감을 표출(表出)해 내기 시작한 것이 바로 시(詩)요, 예술이었기 때문이다. 그러면서도 '시에 대한 정의(定義)의 역사는 바로 오류(誤謬)의 역사'라는 T.S. 엘리어트의 말처럼 확연하게 정의할 수 없는 실로 불가사의한 어휘인 것만은 틀림없는 일이다.

인간의 감정이 가장 높은 경지에 이르렀을 때 나오는 감정의 표현이 바로 시가 된다고 보았을 때, 아름다운 자연의 모습을 보고 감탄하며 말로 표현했을 때 그것은 시가 되는 것이다. 사람들은 누구나 아름다운 정경을 보았을 때 감동의 말을 나타내지만 그렇다고 세상 사람 모두가 시인이 아닌 것은, 그 즐거움의 표출이 남과는 색다른 자기만의 것이어야 하기 때문이다. 즉 똑같은 즐거운 것이라도 남과는 무언가 다른 즐거움, 남의 아픔과는 색다른 슬픔으로 표출할 때라야 시가 되고 예술이 되는 것이다. 여기에서 우리는 시의 개성성

(個性性)이 절대적으로 필요함을 느낀다.

김재수 시인(金在洙 詩人)이 우리의 산하(山河)를 여기 저기 돌아보며 느낀 소회(所懷)를 엮어 시집(詩集)으로 엮는다. 여행은 확실히 풍부한 시의 재료를 제공해 주는 것만은 사실이다.

김 시인(金 詩人)은 문학의 여러 장르 가운데 유독 우리의 국민 문학이요, 민족문학인 시조(時調)에 굳센 뿌리를 내리고, 우리 민족 고유의 전통적인 정서를 길어 올리는 데 남다른 열정을 쏟고 있는 시인(詩人)이다. 우리의 것에 대한 김 시인(金 詩人)의 사랑은 시조(時調)라는 형식성(形式性)에 국한하지 않고 국토 사랑으로까지 연결시키면서 민족혼을 현대적 감각으로 조감(照鑑)해 보겠다는 역사적 소명 의식을 바탕으로 한 편 한 편을 비단으로 짜내고 있는 시인(詩人)이다.

그가 발표한 여러 작품들을 눈여겨 읽으면서 그가 가꾸고 있는 시조(時調)에 대한 열정과 작품성을 음미해 보고자 한다.

## 2. 분단(分斷)의 통한(痛恨)을 바라보며

시조는 최소의 축어적(縮語的) 문장의 보다 길고 복잡한 비축어적(非縮語的) 완곡법으로의 변형에서 생겨난 문학의 한 장르이다. 시인들이 토해내는 한 편의 시는 독자로 하여금 간접 경험을 눈치 채게 하고 그로 하여금 왜곡을 통해 미메시스로부터 한 걸음 한 걸음 멀어지게 하는 것이 어려울수록 그 우회로는 분명히 점점 더 길어지고 시적 텍스트는 더욱 발전하게 된다.

시인만이 겪은 일들을 독특한 솜씨로 엮어낸 시작품(텍스트)을 읽으면서 독자들은 간접 경험으로 이어지면서 공감(共感)의 영역까지 다다르고 싶어 한다. 이러한 보이지 않는 작용의 효과는 독자가 자신이 진짜 진품을 앞에 놓고 있다고 느끼는 것, 혹은 그가 시적 언어와 특질, 즉 전형적인 모호성의 예라고 믿게 되기를 기대하고 느낀다는 것이다.

이 시집(詩集)의 표제가 된 '휴전선의 아침'이라는 단어에서 알 수 있듯이 김 시인(金 詩人)은 분단의 현장을 몸소 돌아보면서 시인 특유의 감각으로 분단의 아픔을 토해내고 있다.

우선 표제시 「휴전선의 아침」을 읽어 보기로하자.

조각달 짙은 안개 피어오른 깊은 산속
컴컴한 어둠 속에
잠을 설쳐 지샌 밤을

산 너머 노을빛 타고
아침해가 솟아라.

소쩍새 울어대어 적막을 깨뜨리고

시냇물 소리내어
산자락에 메아리며

귀 익은 나팔 소리에

잠이 깨어 일어난다.

분대별 소대별로 무리 지어 모여들고

구령에 하나같이
몸과 마음 모아져서

힘차게 고함을 치며
뛰고 달려 맞는다.

-「휴전선의 아침」 전문(全文)

이 작품은 마치 폭풍 전야의 고요에 대하여 우리가 두려움을 느끼듯이 감쪽같이 서정성으로 변장시켜 말없는 가운데 우리에게 두려움과 공포감을 느끼도록 극도로 긴장시키고 있다.

이 작품에서는 흔히 분단의 정경을 그려낸 시들에게서 발견할 수 있는 안타까움이라든가, 좌절이라든가, 아픔 등의 시어(詩語)를 찾아볼 수가 없이 분단의 통한을 짐짓 시치미를 떼고 모르는 체하고 있다. 그저 발아래 분단의 철조망이 아득한 남의 나라 일을 바라보는 것처럼 담담하게 그려내면서 통한을 삭이고 있는 것이다.

'조각달 짙은 안개 피어오른 깊은 산 속'이라는 첫구에서 독자들은 마치 전쟁의 실제 상황, 아니면 전쟁 영화의 한 장면에서 본 것처럼 한바탕 격전을 치른 전장(戰場)에서 잠시 포성이 멈춘 고요의 시간에 모락모락 피어오르는 포연(砲煙)을 연상시킬 수 있는 착각을 느낄 수 있을 것이다. '잠을 설쳐 지샌 밤'이 바로 그러한 착각을 느끼게 하는 증거의 시구(詩句)이다.

그러나 문득 환상의 세계를 깨고 나면 소쩍새가 분위기를 전환하려는 듯 적막을 깨고 있다. 잠깐 동안 침잠해 보았던 암울한 역사적 상황 에서 벗어나 주위를 둘러보면 시냇물과 산자락, 아침 해 등, 우리의 푸른 산야(山野)가 아침 햇살에 찬연한 아름다움을 뿜어내고 있다.

더욱이 우리의 젊은 아들들이 '분대별 소대별로 무리 지어' 행군하는 믿음직한 모습을 보며 시인은 안도의 숨을 내쉬게 되고, 독자 또한 이완의 경지로 발길을 돌리면서 통한의 아픔을 벗어나게 하고 있다.

점차 아물어가는 상처를 파헤쳐 피를 보는 것만이 한풀이는 아니기 때문에 조금은 눅눅한 시선으로 잔잔하게 삭이는 여유야말로 정말로 진한 한(恨)의 아픔을 승화시키는 것이라고 보겠다.

철원 들 한참 지나 북쪽으로 오른 자리

먼 옛날 철길 따라
금강산 가던 길목

이제는 더 갈 수 없는
한이 서린 종착역.

6 · 25 동란으로 포탄 맞은 기관차가

긴 세월 주인 잃고
눈비 맞아 드러누워

철마는 달리고 싶다
밤낮없이 외치네.

조그만 월정리역 임자 없이 일어서서

먼 훗날 두고두고
자자손손 살펴보게

망향비(望鄕碑) 앞에 세워서
통일 기원(統一祈願) 되뇌이네.

-「월정리역」 전문

「월정리역」 또한 같은 맥락의 작품이다.

먼 옛날 관광객을 싣고 달리던 철마를 연상하며 더는 갈 수 없는 오늘의 현실이 시인을 슬프게 한다. 더욱이 '긴 세월 주인 잃고 눈비 맞아 드러누워' 있는 철마를 보며 시인이 아닌 철마가 달리고 싶어 하는 충동으로 환치시켜 아픔의 현실을 극렬하게 그려내고 있는 것이다.

민족의 비극으로 남아 있는 분단의 아픔을 일반적이며 피상적인 느낌으로 국한하지 않고, 구체적이며 예증적인 상황으로 전개하면서 읽는 이로 하여금 더 큰 공감대를 느끼도록 하고 있다.

그러나 김 시인(金 詩人)은 안으로 안으로만 설움을 삭이려는 굳은 의지가 점차 허물어짐을 느끼며 끝내는 격전의 상황을 떠올리고 만다.

「펀치볼」과 「승리부대」가 바로 그러한 작품임을 알 수 있다.

6.25 동란으로
격전 겪어 생긴 이름

산으로 둘러싸인
분지 같은 고원지대

중공군
3개 사단이
섬멸된 채 말이 없네.

널따란 논밭마다
여름철도 분주하며

새로운 농기계로
농사 지어 재미 보고

난리덕
주인 없는 땅
빌려 쓰며 일구네.

산비탈 층계 이뤄
고랭 채소 가꿔가며

농산물 가공 공장
쉴 틈 없이 돌아가고

고소득

부자촌으로
부푼 꿈을 키워가네.

거대한 별똥별이
떨어져 생긴 분지

천혜의 옥답으로
쉴 틈 없이 가꾼 터전

천만년
지난 지금에
굳은 결심 묻고 산다.

-「펀치볼」 전문

6.25 남침 적군 남김없이 괴멸시켜

대한의 국군 명성
내외에 떨친 부대

그 옛날 승리부대로
오늘날도 늠름하다.

-「승리부대」 3수(首) 중(中) 첫째 수(首)

우리의 산야(山野) 이름 가운데 어디에 '펀치볼'과 같은 낯선 이름이 있었던가. 펀치볼은 독자들이 알다시피 주먹으로 세게 치면 칠수록 물러났다가 치는 사람을 향해 다시 돌진해 오는 물체가 아닌가.

아군에서 점령하면 적군이 또다시 사력(死力)을 다해 돌진해 오고. 그러다가 다시 빼앗기고 또다시 아군이 전열을 가다듬어 다시 빼앗고를 수십 번 반복했었다 하여 6 · 25 종군 기자들에 의하여 붙여진 슬픈 이름이 바로 '펀치볼'로 남아있는 것이다. 어디 이것뿐인가. 중부전선에 있는 '아이스크림 봉(峯)'도 바로 그렇게 하여 생긴 이름이다.

북괴군의 힘만으로는 어려웠던지 새까맣게 밀려오던 '중공군 3개 사단이 섬멸된' 격전의 현장에서 시인은 우리 민족의 위대함마저 느끼고 있다.

그러한 값진 희생의 결과로 끝내 적에게 빼앗기지 않고 우리의 영토로 남아 오늘의 발전을 지켜보는 '펀치볼'

피비린내 나던 역사의 현장에서 우리의 착한 농심들은 푸성귀를 가꾸고 있다. 이제는 슬픈 역사의 아픔을 조금씩 지워가며 '새로운 농기계로 농사 지어' '고소득 부자촌으로 부푼 꿈을' 키워가는 우리 농부들의 생활상을 애틋하면서도 긍정적인 시선으로 바라보고 있다.

> 푸른 산 골짜기에
> 십(十)자로 일어서서
>
> 긴 세월 눈비 맞아
> 빛바랜 나무토막
>
> 이름도
> 새기지 못해
> 벌거벗고 지켜 섰다.
> 앳된 젊은 나라 위해

구국 충정 불사르다

흉탄에 쓰러져서
외롭게 잠든 산 속

청청한
산자락 타고
마음 편히 잠드소서.

-「비목(碑木)을 보며」 전문

격전의 현장을 둘러보던 김 시인(金 詩人)은 문득 가슴 아픈 정경에 눈길이 멈추게 된다. 이름도 알 수 없고 찾아 주는 사람도 없는 '푸른 산골짜기에 십(十)자로' 서 있는 비목(碑木)에서 김 시인(金 詩人)은 가슴 찢어지는 뭉클함을 맛보고 있다.

그 귀한 이름 석 자도 새기지 못한 채 검게 퇴색되어 벗은 몸으로 서있는 비목. 미처 꽃피워 보지도 못한 그 젊은 영혼들의 슬픈 이야기를 김시인(金 詩人)은 귀 기울이며 듣고 있다.

누란(累卵)의 위기에 처해. 있던 조국을 건져 보겠다는 피 끓는 열정 하나로 전선에 뛰어 들었다가 '흉탄에 쓰러져서 외롭게 잠든' 젊은 영혼들을 생각할 때 우리는 숙연해지지 않을 수 없다. 그저 '청청한 산자락 타고 마음 편히' 잠들기만 기도할 뿐 무슨 할 말이 있으랴.

위의 시(詩) 「비목을 보며」에서 보듯이 따뜻하고 다정다감한 시선을 가진 이가 바로 김 시인(金 詩人)이다.

## 3. 자존(自存)과 번영(繁榮)의 숲을 보며

시인(詩人)은 시 작품을 표현할 때 실체를 또 다른 객체(客體)에 투영(投影)시켜 새로운 경지를 일구어 나가게 되는데 이때 좋은 시를 쓰는데 있어 필수 불가결한 것이 비유라고 할 수 있다. 이때의 비유는 다른 무엇보다도 참신해야 되고 그러기 위해서는 개성적이어야 빛이 난다.

또한 시적(詩的) 담화(談話)에 대한 또 하나의 광범위한 영향을 갖는 것이 확장이다. 확장은 극단적이고 전형적인 경우에 추상적인 언어 기호들에 있어서의 자의성을 제거하기 위해 작용하는 필수 불가결한 문학 요소일 수도 있다.

여기에는 공간적인 면에서의 확장이 될 수도 있겠고 시적 이미지의 확장도 될 수 있을 것이다.

이런 맥락에서 김 시인(金 詩人)은 분단의 현장에서만 시선이 머물지 않고 좀더 긍정적이고 발전적인 조국의 모습을 그려보기 위하여 시적 공간을 다각적(多角的)으로 확대시키고 있다.

커다란 바윗덩이 드러나 모인 산 위

가파라 숨이 차게
헐떡여 오른 산정

깊은 숨 들이마시며
발을 뻗고 앉는다.
사방을 둘러봐도 불타는 가을 단풍

구경꾼 줄을 이어

앞다퉈 몰려들고

시원한 높새바람에
땀을 식혀 떠난다.

산자락 굽이마다 안개 껴 맴을 돌고

높다란 산등성이
좌우로 살펴보며

따뜻한 햇볕을 타고
들국화가 노랗다.

-「문장대에서」 전문

문장대는 특이한 역사성으로 그 이름이 바뀐 곳이다. 원래의 이름은 산이 높아 늘 구름에 싸여 있다 하여 운장대(雲藏臺)이던 것을 이조시대 태조 이성계가 신하들과 함께 이 산을 찾아 그 자연 경광이 너무 아름다워 시를 짓게 하였다는데 산하들의 시가 하나같이 작품성이 뛰어나 놀라면서 글이 숨어 있는 산이라 하여 문장대(文藏臺)로 이름을 바꾸도록 명하여 오늘날의 문장대로 되었다는 이야기가 전해 내려오고 있다.

이런 명승지를 보고 김 시인(金 詩人)이 그냥 흘려보낼 리가 없다. 바윗덩이로 우뚝 솟은 문장대에서 김 시인(金 詩人)은 시심(詩心)의 나래를 마음껏 펼쳐보는 것이다,

삼남(三南)을 굽어보며 가슴 짜릿한 쾌감을 느끼기 위해 숨이 차

도록 헐떡이며 오른 뒤의 정복감은 산을 올라본 사람들만이 느낄 수 있는 희열감이다.

'사방을 둘러봐도 불타는 가을 단풍'을 바라보며 조금 전까지만 해도 허위대며 오르던 고통의 시간을 씻어보는 즐거움이야말로 산을 즐기는 사람들만의 몫이다.

성춘향 고개 넘어
오리정에 멈춰서고

한많게 이별을 한
설움덩이 고개인데

푸르른
소나무숲이
한겨울도 푸르구나.

이도령 고개 넘어
오리정에 멈춰 쉬고

몇 굽이 길을 따라
돌아가며 걷던 길을

단숨에
터널 속으로
빨려가듯 지나친다.

-「춘향이 고개를 넘으며」 전문

누구인들 사랑에 대한 애틋한 추억이 없을까. 혼자만의 애태움으로 남아 있는 첫사랑의 추억에서부터 인간은 여러 가지 사랑에 대한 추억을 가슴 깊이 간직한 채 살아가고 있다. 어쩌면 사랑에 대한 정감이야 말로 인간이 살아 있다는 표상이 될 것이고 인생을 살아가게 하는 원동력 또한 사랑일 것이다.

이도령과 춘향이의 애틋한 정이 서려 있는 춘향이 고개를 넘으며 김 시인(金 詩人)은 멀리 이조 시대의 사랑을 느낀다. 그들의 사랑이 아직도 남아 한겨울에도 시들지 않고 푸른 기상의 소나무로 남아 있음을 김 시인(金 詩人)은 읽어내고 있어 그 시적(詩的) 심미안(審美眼)이 우리를 감동하게 한다.

눈이나 비만 오면 교통 두절 오명 씻고

산길엔 대치터널
시원스레 뚫어 놓아

전등불 밝게 켜 놓고
자동차들 달리네.

그 옛날 봇짐 지고 넘나들던 한티재엔

정상에 휴식 공간
큼직하게 지어 놓고

천장호 굽어 보면서

쉬어가는 길손들.

산세가 가파라도 곳곳이 절묘하고

저 멀리 서해 바다
까마득히 내다보며

명당 터 일곱 군데나
누가 찾아 복을 받나.

-「철갑산」 전문

철갑산은 충남에 있어 계룡산 다음으로 명산으로 치고 있는 도립 공원이다. 더욱이 대중가요 '철갑산'이 크게 히트 치면서 더욱 유명해진 충청인의 산이다.

괴나리봇짐을 지고 넘나들던 한티 재를 오르며 김 시인(金 詩人)은 세상이 많이 변해 있음을 그려내고 있다. 눈이라도 내릴라치면 하루 서너 번 오가던 버스마저 발이 묶인 채 교통의 오지였던 칠갑산. 짚신 신고 괴나리봇짐을 지고 오르던 그 고개를 이제는 대치터널이 시원스레 뚫려 자동차가 씽씽 달리는 모습으로 발전되었고 어두운 굴속까지도 전등불이 켜져 있어 대낮처럼 환한 정경을 바라보면서 풍요의 시절에 가슴 벅찬 희열감을 맛보고 있다.

가난한 우리 어부 생계 꾸려 살던 터전

고약한 왜놈들이

제 땅이라 한다지만

그 누가 뭐라고 해도
독도는 우리 땅.

때때로 회담할 제 불리할 일 생기면

공연히 트집 잡고
봐주는 척 꾀를 내니

우산국 묻힌 영혼들
잠 못 들고 해매겠다.

제 선조 조선땅을 가르쳐 줬는데도

툭하면 망언 쏟아
홍정하려 눈치 보니

뭉쳐서 국력 배양에
온 백성이 나서자

-「우리 땅 독도」 전문

요즘 직선기로인가 뭔가 하는 것을 제멋대로 그려 놓고 우리 어부들을 납치해가며 자기의 영토라고 주장하고 있는 일본의 망언에 대하여 항변하는 작품이다. 독자들도 알다시피 일본은 우리 조상 백제인들의 가르침으로 무지(無知)를 벗은 민족임에도 불구하고 그 고마움은 까마득히 잊어버린 채 두둑한 호주머니만을 믿고 망언을 일삼고 있고 '고약한 왜놈'들을 우리는 어떻게 다뤄야 할까?

그를 해결할 수 있는 유일한(?) 방법은 경제력을 바탕으로 한 국력배양 밖에는 별다른 방법이 없음을 깨닫고 김 시인(金 詩人)은 국력배양을 소리 없는 웅변으로 강력하게 주장하고 있다.

## 4. 흔들리는 현실(現實)을 바라보며

시의 서정적 실체가 무엇이라든지 간에 시인도 현실 속에 뿌리를 두고 살아가고 있는 생명체라는 사실을 생각할 때 자연스럽게 현실에 시선을 두지 않을 수 없다. 현실을 바라보며 쓴 작품을 보기로 하자.

돈에만 눈이 멀어 욕심만 부풀리고

감독도 소홀히 한
인재로 판명됐네

아뿔싸! 대형사고가
왜 또 다시 겹쳐질까.

세 딸 잃은 부모 가슴 무엇으로 메워 주고

반지의 결혼 약속
어떻게 이어주나

엄청난 주검들 앞에
무슨 말을 해야 할까.

한없는 피눈물을 뉘라서 막아주고

떠다닐 원혼들을
뉘라서 달래주며

떠도는 슬픈 넋두리
뉘라서 잡아줄까.

-「삼풍사고 · 3」 전문

지금에 와서 생각해 보아도 세계적으로 부끄럽고 망신당한 삼풍백화점 사고에 대하여 우리 국민 모두는 울분을 느끼며 전적(全的)으로 남의 잘못 때문에 유명을 달리한 희생자들에게 어떤 위로의 말도 기억나지 않는다.

유난히도 사고가 많아서 우리나라를 일컬어 '사고 공화국'이라고들 한다는데 참으로 가슴 아프고 한심스런 일이다. '돈에만 눈이 멀어 욕심만'부려대는 얄팍한 상혼(商魂) 앞에 그저 어이가 없을 뿐이다. 아마 어쩌면 삼풍백화점 건설에 참여했던 건설업자들은 이 건물이 언제쯤 무너질 것이라는 것을 알고 있었을 것이다. 법으로 정해져 있고 건축공학적으로 최소한의 안전도를 지켜야 할 자재량을 적게 쓰고도 지은 집이 건실할 것이라고 생각하지는 않았을 것이다.

그러나 문제는 사고가 났을 경우 허욕(虛慾)에 젖어 있는 그 사람들이 피해를 입는 것이 아니고, 이렇다 할 과욕(過慾)도 부리지 않고 하루 하루 성실하게 살아가는 것으로 행복감을 맛보며 살던 민초(民草)들이 희생을 당한다는 점이다.

6·25 이후 가장 큰 참사였던 결코 자랑스럽지 못한 기록이 다시는 이 땅에 생겨나지 않기만을 바랄 뿐이다.

수업도 빼어먹고
공연장에 들어가서

초만원 관중 속에
오빠오빠 외쳐대며

십대의
여학생들이
광란을 연출한다.

괴상한 행동과 말
옷까지 닮게 하고

X세대 자랑하며
기세등등 꼬락서니

사춘기
얌전한 미덕
질식해서 죽어간다.

-「오빠부대 · 2」 네 수(首) 中 첫째, 넷째 수(首)

자식을 키워 본 사람이라면 누구나 느낄 수 있는 일을 김 시인(金詩人)은 흘려버리지 않고 지적해내고 있다. 그토록 발달한 텔레비전을 위시한 영상매체에도 만족하지 못하고 공연 현장까지 달려가야 직성이 풀리는 요즈음 십대들을 바라보며 한숨을 쉬고 있는 우리가 기성세대라는 껍데기 때문일까?

여기에 인용하지는 않았지만 둘째 수(首)에서 보듯이 입장권 한 장을 사기 위해 전국 각지에서 몰려와 '새벽녘 줄을 서서' 기다리는 아이들에게 무엇을 기대할까. 되도록 앞자리를 차지하고 싶어하는 아우성이며 공연 도중 초콜렛과 꽃다발, 그것도 부족해서 브래지어까지 벗어서 던졌다는 신문기사를 읽으면서 한심해 하는 우리가 잘못일까? 선뜻 해답이 나오질 않는다. X세대라는 괴상한 단어를 앞세우고 갖가지 돌출적 행동을 해대는 우리의 아이들에 대하여 한번쯤은 다시 생각해 보게 하는 작품이다.

## 5. 마무리하며

김재수 시인(金在洙 詩人)은 시조시인이다. 우리의 국민 문학인 시조를 꽃피워 보겠다는 일념(一念)으로 남다른 열정을 바탕으로 형극(荊棘)의 길을 걷고 있는 김 시인(金 詩人)에 대하여 존경의 박수를 보내지 않을 수 없다.

시조가 우리 민족의 유구한 역사와 함께 성숙되어 온 사실을 감지하며 그 역사성에만 머물지 않고 아픈 조국의 현실을 현대적 감각으로 재조명해 보고자 하는 의지의 시인이라는 데에 우리는 찬사를 보낸다.

민족의 정서를 상상력이라는 도구로 걸러내어 아름다움의 옷을 입히며 전통적인 혈맥을 이어나가고자 한다는 사실 하나만으로도 시조시인들은 위대한 존재이다.

그러한 위업을 감당하여 창작에 전념하고 있는 김재수 시인(金在洙 詩人)에게 힘찬 격려의 박수를 보내며 그 문조(文藻)가 날로 빛을 더하여 한국 문단의 큰 별로 솟으시기를 기원하면서 이 시집에 대한 단상의 일면을 접기로 한다.

# 운율미와 관조미가 어우러진 알레고리

## 김재수 시조집 『만리장성에 올라』

1.

오늘날 시인의 수는 엄청나게(?) 늘어나고 있음에 비해 시의 독자는 소설이나 기타 산문 양식의 문학에 비추어 볼 때 상대적으로 적은 것이 사실이다. 이런 추세로 하여 일부에서는 성급하게 시 예술의 소멸론까지도 예언하고 있다 한다. 그러나 표면적으로는 시가 일반 대중으로부터 점차 거리가 멀어지고 외면당하고 있다 하더라도 전통적으로 시는 문화 예술 분야에서 핵심적인 자리를 차지하여 왔으며, 다른 문화 예술은 이 시적 원리의 구체적 표현이라고 생각해 볼 때 그러한 예언은 성급한 추측이라고 할 수 있다. 황금만능주의가 판을 치는 오늘날에도 비록 시는 독자가 줄어들고 경제 논리를 바탕으로 한 그 현실적 효용성이 축소되는 듯 보이지만 아직도 많은 시인들이 각고의 노력을 기울여 시를 쓰고 있으며, 또한 많은 사람들이 시 쓰기를 원하고 있음으로 볼 때 시문학의 앞날이 그렇게 암담한 것만은 아닐 것이다.

문학 작품에서는 문학의 특수성을 강조하는 사람들이 많다. 특수성은 곧 개성, 독창성 등을 의미하고 있기는 하지만 그것이 보편성의 테두리 안에서 의도되지 않는다면 별 의미가 없다 하겠다. 이런 면에서 볼 때 김재수 시인의 텍스트는 시인 특유의 특수성을 지닌 체험과 느낌들을 상당히 순화시키고 다듬어서 일반 독자가 이해하기 쉽게 보편화시키고 있다는 특성이 있다. 앞에서 언급한 것처럼 시와 독자들과의 거리가 멀어지는 원인 중 하나로 김 시인은 현대에 쓰여 지고 있는 시들의 대부분이 독자들이 이해하기에 너무 어렵기 때문이라고 진단하고 가급적이면 독자의 편에 서서 쉽게 읽혀지는 시를 쓰겠다는 것이 김 시인의 시작(詩作) 태도이다.

김재수 시인이 중국 여행을 다녀온 후 그 정감들을 한 데 묶어 『만리장성에 올라』라는 기행시집을 엮는다. 김 시인은 여행이나 현실에서 얻은 정감들을 우리의 전통문학인 시조의 형식을 빌어 시인 특유의 상상력이라는 용광로를 거쳐 용해시키고 걸러내어, 비둘기 날개 빛 언어로 잘 구어 낸 빛깔 좋은 도자기처럼 작품을 빚고 있다.

이 시집의 구조는 제1부 산동성 제남시, 제2부 베이징에서, 제3부 공림(孔林), 제4부 맹자묘, 제5부 허깨비 장난, 제6부 제2땅굴, 제7부 선운사에서로 나누어져 있다. 이 시집을 일독(一讀)하고 난 느낌은 7개의 부로 나눈 시인의 의도에 대하여 평자는 어떤 뚜렷한 의미를 느끼지 못하였다. 다만 장소의 바뀜만을 의식했을 뿐 기행시의 특성상 의미 단위로 묶는다는 것은 처음부터 의미없는 일이기 때문이다. 따라서 본 평설(評說)도 의미 단위로 나누어 평하지 않을 것임을 밝힌다.

2.

휠라이트(Philip Wheelright)는 수사법에서 병치(竝置) 은유(隱喩)의 기법을 새로운 사물을 창조할 수 있는 기법이라면서 중시하였는데 김 시인의 시에서는 수미(首尾)에 같은 이미지를 배치하는 병치법(竝置法)을 많이 쓰고 있다.

우리는 살아오면서 많은 여행을 경험해 왔다. 며칠씩 묶는 여행이 아니라도 초등학교 시절에는 소풍만 간다 해도 가슴 설레이며 잠을 이루지 못했지 않는가. 행여 구름이라도 낀 날이면 비가 오는지 안 오는지 자다가도 일어나서 밤하늘을 몇 번씩 쳐다보곤 하지 않았는가.

잠 설친 이른 새벽
안개 낀 대전시가(大田市街)

막힘없이 뚫려 간다
잘 뚫린 포장길을

그래도
빨리 가잔다
한시 바삐 가고파서.

누구나 잠 설쳐서
졸음기가 태반인데

같은 차 같은 처지

인사도 못하고서
같은 길
떠나는 판에
시간 쫓겨 실려간다.

-「中國 여행길에」 全文

이 작품은 시의 수사법 중 병치(竝置) 은유(隱喩) 유형 가운데에서도 이미지 병치(竝置) 방법을 활용하여 시적(詩的) 화자(話者)의 뜻을 강조하는 수사법을 쓰고 있다. 똑 같은 이미지를 전면과 후면에 병치하여 뜻을 강조하고 있음을 볼 수 있다. 그 동안 살아오면서 별러 왔던 해외 여행길에 대한 가슴 설레임이 여실하게 드러난 작품이다. 〈이른 새벽〉 〈막힘없이〉 〈잘 뚫린 포장길을〉 달리고 있으면서도 〈한시 바삐 가고파〉하는 여행객의 심리가 적나라하게 표현된 작품이다. 새벽잠 설치고 나온 여행객들의 눈에는 아직도 잠이 남아 있는 모습으로 마음만 급할 뿐 인사도 나누지 못한 채 그저 여행길을 서두르기만 하고 있는 정경 묘사가 웃음이 나오게 한다. 그만큼 중국 여행에 대한 기대가 컸었음을 말하고 있다.

커다란 원색 풍선
20여 개 홍예문이

네모꼴 반듯반듯
잘 가꾼 정원 속에

큰기침

중화사상(中華思想)이
서민층은 알 바 없네.

군데군데 사잇길로
청춘남녀 드나들고

저질품 먹거리가
주변 성시 이뤄내며

초라한
잡상인들이
사달라고 애걸하네.

-「제남시(濟南市) 광장(廣場)」 全文

한 나라가 유지되자면 거창하든 그렇지 않든 어떤 국가적 이념이나 사상이 있게 마련이다. 하물며 인구 15억이 넘는 중국이야 말해 무엇 하겠는가? 그런데 그러한 거창한 이념이나 사상들이 소시민들의 호구 대책에 무슨 의미가 있다는 말인가? 대륙인이랍시고 뱉어내는 〈큰기침 / 중화사상(中華思想)이〉 당장 식구들의 허기를 해결해야만 하는 절대 절명의 위기 앞에 서 있는 가난한 소시민들에겐 아무 의미가 없다는 것이다.

〈저질품 / 먹거리〉를 좌판 위에 펼쳐 놓고 〈사달라고 애걸하〉는 그들에게는 돈 많다고 소문난 한국 관광객들에게 다만 한 개라도 팔아 저녁 끼니를 해결해야 하는 빵 한 조각이 절실하게 눈에 들어올 뿐이다. 이념과 체제의 다름으로 하여 아직도 세계에서 유일하게 분단된 채로 남아 있는 우리의 처지에서 바라볼 때 기아에 허덕이고 있다는 북한 동포들을 떠올리게 하는 작품이다. 이념이나 사상보다는 동포애를 바탕으로 한 살 만한 조국 건설이 급선무일 것이다.

아름드리 수양버들
빼곡이 들어서고
동전을 물에 던져
복(福)을 비는 풍습들이

우리와 흡사한 양식 전래됨을 알려주네.

입구엔 관광객들
놀라고 감탄하게

두 아름 큰 화병이
양쪽에 지켜 서서

꿈틀댄 용틀임 무늬 찬사가 만발하네.

회랑(回廊)에 마음대로
매어 단 한시(漢詩) 쪽지

읽는 자(者) 얼굴 표정
공감은 별로인듯

송(宋)나라 이청조(李清照) 시인 유품(遺品)들이 졸고 있네.

-「박돌천(趵突泉)」 全文

「박돌천(趵突泉)」은 아마 맑은 물이 흐르는 옹달샘이나 동굴이 아닌가 싶다. 거기에 동전을 던지며 소원을 비는 정경이 우리나라에서도 흔히 볼 수 있는 정경이라고 생각되는데 중국과 우리는 같은 동양 문화권으로서 민속 신앙도 비슷하다는 것을 느끼고 있다.

그러나 김 시인에게는 그런 샤마니즘적인 것이 문제가 아니다.

〈회랑(回廊)에 마음대로 / 매어 단 한시(漢詩) 쪽지〉가 김 시인의 눈길을 잡아끌고 있음은 같은 시인으로서의 동병상련(同病相憐)의 감정이 흐르고 있는 것은 아닐까? 〈읽는 자 얼굴 표정 / 공감은 별로 인듯〉한 상황에서 오늘날 시가 외면당하고 있음은 비단 우리나라뿐만 아닌 것 같아 그 점을 애석해 하고 있다. 세상 모든 이가 시에 대하여 관심을 가져주고 같이 공감하면서 기쁨을 나눌 수 있는 시의 유토피아를 꿈꾸는 시인의 바람이 매우 안쓰럽게 다가온다.

빠알간 깃발들이
건물 위에 펄럭이고

신호등도 별로 없는
횡단보도 거리마다

사람이 우선이란다 마음대로 걸어간다.

버들꽃 둥둥 떠서
바람따라 날아들고

꿀벌떼 날아가다

차창에 부딪혀도
와이퍼 그대로 둔 채 느긋하게 질주한다.

-「베이징에서」 6首 중 1, 2首

대륙인 특유의 여유를 부리는 기질을 마음껏 느낄 수 있는 작품이다. 사람이 우선이라는 인본주의(人本主義) 운전 습관은 우리가 본받아야 할 것이다. 특히 교통사고가 유난히 많은 우리나라로서는 느긋하게 기다릴 줄 알라는 것을 무언(無言)으로 주장하는 작품이다. 또한 풀벌레들이 차창에 부딪혀도 와이퍼로 쓸어내리지 않는 것은 여유로움일까 아니면 환경 친애적인 생활 태도에서 연유된 것일까? 매사를 한 걸음 물러서서 바라보게 하는 것을 강조하고 있다.

모택동(毛澤東) 커다랗게
천연색 그림으로

장개석(蔣介石) 맞은편에
철좌대(鐵座臺)에 세워놓고

미워도 영웅호걸은 대접하는 풍토(風土)이네.

국가적 큰 행사가
사시사철 이뤄지며

온 국민 뒤따르고
온 세계가 지켜보게

드넓은 광장 건물엔 붉은 깃발 펄럭이네.

발포(發砲)로 유혈진압(流血鎭壓)
수백 명(數百名) 사상(死傷)된 터
십년 전(十年前) 시위현장
맘대로 오고가며

민주화(民主化) 시민운동(市民運動)이 개방(開放) 바람 몰고 왔네.

-「천안문(天安門) 광장(廣場)」全文

김 시인은 모택동 사진과 장개석 사진이 함께 걸려 있는 천안문 광장의 모습에서 다소 충격적인 장면을 연출한다. 모택동과 장개석은 이념과 사상을 달리한 인물들로 둘 다 뛰어난 중국의 지도자들이다. 그러면서도 천안문 광장에 나란히 사진이 걸려 있는 것을 보며 우리는 인물을 인물로 대할 줄 아는 그들의 아량을 깨닫게 한다.

천안문(天安門) 광장(廣場)이라는 어휘는 우리에게, 아니 세계 사람들에게 매우 낯익은 어휘일 것이다. 우리에게는 낯설던 시절 대자보(大字報)가 나붙곤 했다던 곳이다. 다시 말하면 천안문 광장은 열린 광장 그 자체였다. 민주화가 여기서부터 싹트기 시작했으며 그로 인하여 많은 사람들이 피 흘리며 죽어간 역사의 현장이기도 하다. 천안문 광장을 바라보며 십 년 전 민주화를 부르짖던 군중들에게 발포하여 많은 사람이 죽고 다친 곳이었음을 떠올리며 그를 바탕으로 하여 점차 개방화되고 있는 중국으로 변모되고 있는 모습을 그려내고 있다.

높은 산 능선따라
구불구불 산세따라

성가신 외적 침입
막아낸 성벽으로

입구엔 천일제일웅관(天一第一雄關) 말없이 지켜섰다.

5미터 통로 길폭
가는 곳곳 조성하고

높다란 망루각 밑
낭떠러지 요새지며

이천년(二千年) 보물로 남아 관광상품 으뜸이다.

진시황(秦始皇) 이리 될 줄
먼 옛날 알았을까

오늘날 효자상품
먼 옛날 점쳤을까

성(城) 주변 흩어진 영혼(靈魂) 흐느끼며 웃고 있다.

-「만리장성(萬里長城)에 올라」 5首 중 1,2,3首

문학적 담화의 구성 유형은 크게 두 가지로 나눌 수 있는데, 하나는 아리스토텔레스 이후부터 지속적으로 채택해온 방법으로서 사건의 진술을 인과적(因果的)인 구성으로 하는 방법이고, 다른 하나는 현대에 이르러 주목받기 시작한 것으로서 인과 관계를 차단하고 병렬적(竝列的)인 구성으로 하는 방법이다. 전자의 방법은 담화의 리얼리티를 증대시키고 그로 인해 이미저리가 잘 전달되게 하는 수사법이다.

이 텍스트는 이 시집의 표제 작품이다. 중국을 논할 때 만리장성을 빼고 무슨 말을 할 수 있으랴. 김 시인은 중국의 유명 관광지인 만리장성에 올라 옛 중국의 역사를 인과적 수사법에 의탁하여 반추하고 있다. 국방의 한 가지 방책으로 적을 막기 위해 엄청난 희생을 감내하며 쌓은 만리장성이 오늘날 관광 상품으로서 효도할 줄 누가 알았으랴. 더욱이 건축 기술이나 건축 기자재가 별반 뛰어나지 못했던 그 당시 오로지 인간의 힘만으로 축성하였을 텐데 얼마나 많은 인명의 손실이 있었을지 추측해 보라. 그때 희생되었던 영혼들은 아직도 저승에 들지 못하고 성 주변을 맴돌며 〈흐느끼며 웃고 있다〉 하였다. 사랑하는 처자식을 버리고 징발되어 죽도록 일만 하다가 말 한 마디 못하고 숨져간 그들로서는 당연히 흐느낄 일이다. 자기의 죽음이 서럽기도 하고 오늘날 국가 발전의 원동력으로 승화된 기쁨의 웃음도 흘려야 하는 아이러니를 시인 특유의 상상의 과정을 거쳐 토로하고 있다.

갖가지 벼슬에다
낯뜨건 선정(善政)자랑

지나는 객(客)도 웃을

속뵈는 칭찬않기
차라리
백비(白碑)로 서서
천여 년을 굳게 섰다.

-「백비(白碑)」 둘째 首

네 아름 상록수가
뜰안 가득 들어서고

향나무 측백나무
변함없이 푸르르며

여러 개
문(門), 루(樓), 전(殿)에서
행사가 치뤄지네.

-「공묘(孔廟)」 첫째 首

앞의 「백비(白碑)」는 여러 가지를 생각하게 하는 작품이다. 아마 공자의 치적을 거대한 백옥석비(白玉石碑)로 남겨놓은 유물인가 본데 그곳을 소개하는 안내자가 별반 자랑하지 않고 있음을 쉽게 추측할 수 있다. 작은 공적만 있어도 부풀리기 좋아하며 자기 과시 시대를 사는 우리로서는 한 번 쯤 생각하게 하는 의미 심장의 싯귀이다.

「공묘(孔廟)」에서는 진리의 무변(無變)한 정경을 자연물로 환치(換置)시켜 아낌없이 그려내고 있다. 〈네 아름 상록수가 / 뜰안 가득 들어서고〉나 〈향나무 측백나무 / 변함없이 푸르르며〉는 같은 의미의 이미지 표출이다. 상록수가 향나무이며, 측백나무이기 때문이다.

그런데도 왜 김 시인은 초 · 중장에 나란히 병치시켜 표현하였을까? 이는 이천여 년 전의 공자의 사상과 학문이 오늘날에도 변함없이 이어지고 있음을 상록수로 환치시켜 노래한 것이 아닌가 싶다.

현대 미학이 수용미학(受用美學)쪽으로 비중이 옮겨가고 있음을 생각할 때, 작품이란 무엇을 의미하는 것이 아니라 독자가 스스로 구성해 보도록 만드는 소재에 불과하다는 관점으로 표현미학(表現美學)이 변하고 있음을 상기한다면 쉽게 이해가 되리라 믿는다.

맹자가 태어났단
조그만 농촌 도시

비포장 도로에선
황토먼지 뒤덮이고

못 사는 서민층 행태 50년대 생활상(生活相)이.

시가지(市街地) 한복판을
분탄(粉炭) 괴탄(塊炭) 화물차가

덮개도 안 씌우고
질주하며 지나가면

기다린 주민들마다 뛰어들어 주워가네.

-「추성(鄒城)」 3 首 중 1,2首

오늘날 우리는 중국 신드롬에 빠져 있는 것이 아닌가 할 때가 있다. 중국 하면 한 번 가보고 싶고 무한한 상품 시장쯤으로 생각하고 있는 것은 아닌지 싶다. 맹자라는 큰 학자가 태어난 땅을 지나면서 사는 것과 학문은 아무런 상관관계가 없는 것임을 김 시인은 읽어내고 있다. 50년대의 생활 모습이라면 그 사는 모습을 우리는 쉽게 짐작할 수 있지 않는가. 사람 사는 곳이라면 어디든지 빈부의 차이는 있는 것이지만 중국 대부분의 농촌 지역이 어렵게 살고 있음을 김 시인은 간과하지 않고 그려내고 있다.

비포장 뙤약볕길
흙먼지 뒤범벅에

밀농사 너른 평야
익어가는 초여름에

수백기 맹자 후손묘 끊임없이 쓰여지네.

백양목 도로변에
양쪽으로 늘어서고

너른 들 밀밭으로
푸르러 익어가며

맹모(孟母)의 삼천지교(三遷之敎)가 가슴치며 솟구치네.

-「맹모림(孟母林)」 3 首 중 1, 3首

맹자를 논하다 보면 맹자 어머니의 자녀 교육열에 대하여 논급하지 않을 수 없다. 그 유명한 맹모삼천지교(孟母三遷之敎)가 바로 그것 아닌가. 교육열 하면 세계 어디에 내놓아도 뒤지지 않을 만큼 극성스러운 우리네 교육열이지만 서두르지 않으면서 바람직한 방향으로 목적을 달성하게 하는 맹자 어머니의 교육 방법을 따라할 필요는 없겠으나, 오로지 결과 중심의 우리 교육 방법과 견주어 볼 때 한 번쯤 생각해 볼 필요는 있을 것이다.

한 평생을 국민 교육에 헌신해온 김 시인이고 보면 「맹모림(孟母林)」을 둘러보면서 가슴 한 켠 숙연해지는 느낌을 어찌 막을 수 있었으랴. 그러기에 스승의 길을 걷던 사람은 어딜 가도 겨레의 스승으로 남는 것이다. 김 시인의 이러한 마음가짐은 교단을 떠난 시점(時點)에서도 다음과 같은 「허깨비 장난」 연작시에서 새삼스럽지 않게 읽을 수 있다.

장관이 바뀐 뒤에
교육개혁 한답시고

수십 년 가꾼 정책
잘못했다 까부시며

일시에
도서 · 벽지학교
팽개치고 합치라네.

무슨 놈의 실세권이
그런 개혁하는 거냐

현존한 법을 두고
앞서가는 법 있더냐

입 다문
도서 · 벽지학교
진흥법은 말을 하라.

-「허깨비 장난 13」 4 首 중 1, 4 首

〈소규모 학교 통폐합〉이란 부제(副題)가 붙어 있는 이 작품「허깨비 장난 13」은 현(現) 정권(政權)이 근시적 안목으로 개혁이란 미명 아래 밀어 붙이다가 국가백년대계인 교육 정책을 쑥대밭 만든 사실을 적나라하게 노정(露呈)시키고자 김 시인이 의욕적으로 쓰고 연작시(連作詩)이다. 국가에서는 도서 벽지를 살리고자 도서 벽지 진흥법까지 제정하여 국가시책을 펼쳐오지 않았는가. 그럼에도 유독히 이(李) 모 교육부장관만은 도서 벽지나 농어촌 교육 말살 정책을 폈고 또 그것을 잘한다고 뒤에서 부추기고 있는 높은 분은 도대체 어느 나라 사람이라는 말인가. 농어촌에 젊은이가 살지 않으려는 이유는 무엇인가. 다른 이유도 많겠지만 사람이 살면서 무엇보다도 걱정하고 염려하는 것은 일신상의 호강이 아니라 자녀 교육이다. 나는 지금 헐벗고 굶주리며 고생하더라도 내 자식만큼은 잘 가르쳐 성공시키고 싶은 것이 모든 부모 된 사람들의 심정이 아닌가. 집 근처의 학교가 학생 수가 적다하여 없애 버리니 학생 수 많은 도시로 이사가라는 이야기가 아닌가. 그 따위로 정책을 펴면서 농촌에 젊은이가 없다고, 그래서 농사지을 사람이 없다고 한탄하는 위정자들의 짧은 안목과 작태가 한심스러울 뿐이다.

존지 받는 집단이라
매도하던 떼거리들

단상에 올려놓고
예우를 해준다네

도대체
알 수가 없네
말잔치는 그만하게.

시의원 국회의원
나리님들 북새통에

무슨 감사 무슨 감사
허리 펼 날 없던 교단

그 많은
잡무 경감은
의원에게 물어 보라.

-「허깨비 장난 17」 全文

해마다 스승의 날을 앞둔 5월 초순이면 신문 지상이나 언론 매체에 단골 메뉴로 등장하는 뉴스거리가 교사들의 촌지 문제다. 물론

대도시에서 몇 몇 학부모들이 그런 짓을 하고 있는지 모르겠지만, 그것이 마치 온 나라를 말아 먹을 만큼 엄청난 일이나 되는 것처럼 떠들어대며 교사 집단을 매도하곤 한다. 묵묵히 아이들에게 도시락을 나누어 주며 제자 사랑을 펼쳐 온 교사들도 얼마나 많은데, 전체가 다 그런양 교육계를 짓이겨 대고 있는 언론 매체도 문제가 많다 할 것이다.

그러면서 또 한 쪽에서는 교사를 우대한답시고 각종 행사에서 교원을 앞자리에 앉히라는 그들이고 보면 교사 집단을 마치 어린 아이, 또는 순진무구한 바보로 보는 것이 아니고 무엇이겠는가. 교사 집단도 교사이기에 앞서 가정이 있고 자신의 발전과 자녀들의 교육을 위해 경제적으로 걱정하고 번민하는 생활인이다. 현재와 같은 물질만능 시대에는 경제적인 우대책이 가장 절실한 것임을 그들도 너무나 잘 알고 있으면서 돈은 안줄 것이니 '너 똑똑하다' 하며 행사장에서 앞자리에 앉으라고 하는 것으로 생색내려는 위정자들의 작태에 대하여 김 시인은 분개하고 있는 것이다.

또 한 가지, 국회가 열리는 기간이면 어느 기관이고 할 것 없이 국회의원들의 자료 요구 때문에 마음잡고 일할 시간이 없다. 교육계에서도 몇 시까지 FAX 보고하라는 자료 요구로 하여 아이들에게 자습시키는 일이 비일비재하다. 국회에 들어가면 당리당략을 위해 싸움질이나 해대는 선량들이 그다지 필요하지도 않고 정확하지도 않은 통계 자료를 무작정 요구해보고 따지는 작태는 하루 빨리 없어져야 한다고 웅변으로 말하고 있다.

계곡을 가로질러
시멘트 축조다리

주변의 풍광따라
어울리게 놓여지고

쌍으로
무지개 모양
홍예다리 그림같네.

한탄강 맑은 물이
유유히 흘러가고

남쪽은 이승만(李承晩)이
북쪽은 김일성(金日成)이

반씩을
나눠 세워서
남북을 이어놨네.

-「승일교(承日橋)」 全文

이승만(李承晩)의 가운데 자(字)와 김일성(金日成)의 가운데 자(字)를 따서 붙인 이름 「승일교(承日橋)」가 남북정상회담이 이루어진 오늘에 와서 생각해 볼 때 묘한 심사를 불러일으킨다. 남과 북이 절반씩 나누어서 다리를 세운 동포애이고 보면 통일도 머지않으리라는 기대를 갖게 한다. 일개 다리뿐만 아니라 삼천리 반도 전체가 하나될 수 있다면 얼마나 좋으리. 온 세계의 이목을 집중시켰던 지난번 남북 정상회담을 바라보며 우리의 일을 해결해야 할 사람은 결국 당사자 밖에 없다는 것을 깨닫고 다시는 외세(外勢)에 의한 가슴 아픈 일은 없어야 할 것임을 말없이 강조하면서 휴전선 근처의 비무장지대를 답사하는 시인의 마음은 애절하다 못해 기도하는 심정으로 묘사하고 있다.

듣기에 끔찍스런
괴상한 산 이름을

6 · 25 상흔들이
곳곳에 남아 있고

7 · 8부 능선에서도 총 겨누고 노려보네.

쌍방이 퍼분 포탄
산 위를 폭파하여

산 높이 날아가서
3미터나 내려앉고

일주일 격전 속에서 스물네번 주인 바뀌.

-「아이스크림 고지」 3 首 중 1,2首

「아이스크림 고지」는 중부전선에 있는 고지 이름인데 멀리서 바라보면 아이스크림이 녹아내리는 듯한 형상이라 하여 6 · 25 당시

종군기자들에 의하여 붙여진 이름이라 한다. 인용하지 않은 셋째 수에서 말하듯 아군 삼천명, 중공군 일만 천명이 전사한 격전지로서 일주일에 스물네번이나 점령군이 바뀔 정도였다면 얼마나 많은 폭탄을 퍼부었으랴. 산 위의 나무는 말할 것도 없고 정상의 흙이 날아가 버려 마치 아이스크림이 녹아내리는 형상이었다 하니 그 참상이야말로 가히 짐작하고도 남는다.

3.

알레고리를 시 창작에 응용하는 경우 교훈적(教訓的) 알레고리, 사회적(社會的) 알레고리, 화두식(話頭式) 알레고리, 예표적(豫表的) 알레고리, 상황적(狀況的) 알레고리 등 여러 가지 패턴이 나올 수 있다. 알레고리는 어떤 교훈적 메시지를 독자에게 은근하게 전달하고자 할 때 흔히 쓰이는 방법인데 직접적으로 노출시킬 것이 아니라 시의 전체적 분위기는 원형적 상징의 분위기로 충만될 때 시는 생명력을 얻을 수 있다. 상징과 알레고리를 응용하여 시 창작에 임할 때 우리가 주의해야 할 사항은 상징으로든 알레고리로든 절대로 본의(本義)를 문면(文面)에 노출시키지 말아야 한다는 점이다. 시를 쓰다 보면 무언가 독자에게 자기의 생각을 빨리 전달하고 싶은 성급한 마음에서 시인(詩人) 자신도 모르게 시적(詩的) 의도(意圖)를 노출시키기 쉽다. 이러한 방식은 당장에는 독자와 시인간의 거리를 좁혀 주는 역할을 해 줄지 모르나 결국은 시의 생명력을 위축시키는 결과를 초래할 수 있음을 우리는 간과(看過)해서는 안된다. 바위는 부드러운 물 옆에서 돋보이며, 살아 움직이는 것은 정체물 사이에서 더욱 진가를 발휘하듯이 알레고리 수사법을 애용하되 상징으로 감출 줄 아는 지혜가 결국은 시를 살리게 됨을 시를 쓰는 사람이면 모두 생각해 보아야 할 일이다.

시드니(P. Sidney)는 '시는 가르치고 즐거움을 주려는 의도를 가진 말하는 그림이다'라고 하였음을 상기해 볼 때, 김재수 시인은 공리적(公利的) 교훈적(敎訓的) 관점에서 시를 쓰고 있다고 할 수 있다. 시(詩)와 시(詩)가 아닌 것의 한계성은 시의 독자성을 증명하는 것인데 김 시인은 독자들의 이해를 돕기 위하여 쉽게 쓰고자 하는 독특한 문학관을 가지고 있고 또 몸소 실천하고 있다. 김 시인은 시를 통하여 카타르시스, 즉 마음의 정화를 꿈꾸고 있으며, 문명 비판과 현실 고발에 있어서도 주저함이 없이 표출하고 있어 읽는 이로 하여금 가슴 서늘한 쾌감을 느끼게 한다.

이제 원숙한 경지에서 시를 빚어내는 김 시인의 열정에 찬사의 박수를 보내며 날로 문조(文藻)가 빛을 발휘하여 한국시단(韓國詩壇)에 커다란 발자취 남기시기를 기원하며 글을 멈춘다.

# 삼줄보다 질긴 한(恨)의 실마리와 존재 의식

## 김창현 시조집 『이승과 저승 사이』

### Ⅰ. 자기표현(Self expression)의 세계

관촌 김창현 시인은 일찍이 시조 전문 동인지「가람문학」신인상에 당선되어 그 실력을 유감없이 발휘하더니, 더욱 정진하여 시조 전문지 『시조문학(時調文學)』에서 어려운 추천 과정을 거쳐 문단에 입성한 절차탁마(切磋琢磨)의 시인이다.

시(詩)를 현실과 인생의 모방으로 볼 때 시의 가치 기준은 작품이 재현하거나 재현해야 하는 대상들의 재현적(再現的) 진실이다. 어느 시대이든 세계와 인생을 인식하는 데 있어 크게 두 가지 유형을 볼 수 있다. 첫째로 인생을 인간의 일상적인 실존을 구성하는 서로 다른 체험으로 이해하는 태도로서 일상생활의 특별한 체험이나 있는 그대로의 인생을 인식하는 경우이다. 생활의 파편에서 가능한 한 세밀화 되고 개체적이고 특수한 인생의 단편들을 리얼하게 그려내는 것이다. 그런 면에서 김창현 시인의 시는 한민족의 정서를 그려내기에 적합한 시조에 일찍이 정진하여 나름대로의 경지를 구축한 시인이라는 데에 우리는 먼저 찬사를 보내지 않을 수 없다. 더욱이 젊은 시절에 농사를 짓다가 농약 중독으로 며칠간 생사의 기로를 헤매던 그가 죽음의 문턱에서 기사회생(起死回生)한 절대절명의 경험을 시조로 그려낸 것이다.

이 시집 표제가 말하듯이 이승과 저승을 오락가락하던 일을 절절한 우리 민족 고유의 정서인 한(恨)의 실마리에 얹어 풀어보고자 하는 것이다. 우선 표제 작품 「이승과 저승 사이」를 감상해 보자.

저승길 되돌아오니 낮 달빛 흐르는 풍경
속마음 되짚은 생애 속다가 다시 속다가

저 이승 흘겨본 세상
먼 허공 떠돌던 생각.

몽롱한 내 영혼 아픔만 앙가슴 졸다
몸 속에 못 내버린 맘 온밤내 깎이는 하늘

운명을 삼키며 사는
달무리 흐르는 한목숨.

산그늘 내리는 어둠 내 사랑 잠들지 못하고
눈빛은 자꾸 먼 곳만 목넘어 울렁이던 맘

젖가슴 맺힌 체중도
풀길 없는 한시름.

-「이승과 저승 사이」 全文

앞에서 잠깐 언급하였듯이 농약 중독으로 헤매던 생사의 길, 즉 저승의 문턱에서 되돌아 온 사람만이 그려낼 수 있는 작품이다.

저승이 있는가 없는가 하는 문제는 그다지 의미가 없다. 그의 가족들은 무사히 깨어나기를 얼마나 애타게 바랐을 것인가. 부시시 깨어나는 그를 낮달조차 서산(西山)으로 기울지 못하고 지켜보고 있었다는 표현에서 우리는 가슴 졸이던 그 때의 상황을 짐작할 수 있을 것이다. 그런 와중에서도 지난날을 되돌아보던 그는 그 동안 속고 또 속으며 살아온 이승 삶을 먼 허공에 띄워 놓고 바라보고 있다. 여기에서 바라보는 허공은 어쩌면 구천이었는지도 모른다.

## II. 일상(日常)에서 바라본 한(恨)의 세계

아리스토텔레스는 모방론(模倣論)에서 "시는 율어(律語)에 의한 모방이다."라고 정의하였다. 이는 고전주의 내지는 사실주의의 핵심적 문학관이 되어 온바 성실성이 작품 평가의 기준이 되는 것이다. 성실성은 작가 개인의 비전(vision)이나 마음의 상태에 대한 진실성이다. 시는 진실에서 우러나오고 진실에서 우러나온 것은 자연스러운 것이며 자연스러운 것은 성실한 것이다. 바꾸어 말하면 시는 시인의 감정과 정신 상태의 꾸밈없는 순수한 표현이라는 것이다.

> 눈부신 천지 채워 어렴풋 봄빛 타고
> 짊어진 영혼 무게 툇마루 기울 게 앉아

그리움
묻은 애린 달
세상 밝히는 이 섭리.

저마다 생각풀고 큰 자비 베푼 자락
늦가을 빈 가슴 바알갛게 타는 노을.

저승에
가져갈 사랑
한나절 내린 녹슨 꿈.

염주알 마디마디 내 시조 새겨 놓고
인생은 꿈과 같아 오자 곧 가는 진리

이승에
남길 것 없으니
가져갈 것 무엇이뇨.

-「저승에 가져갈 사랑」 全文

「저승에 가져갈 사랑」은 이런 저런 사연 끝에 다시 머물게 된 이승 삶 즉, 죽음의 문턱에서 간신히 빠져 나온 삶이고 보면 온 천지가 눈부시게 다가올 것은 당연한 일이다. 이토록 귀하게 얻은 삶이라면 〈저마다 생각 풀고 큰 자비〉를 베풀며 살아갈 일이다. 수필가 김형석은 그의 수필에서 인생을 일컬어 〈새 색시가 시집을 가서 김장 삼십 번만 담그면 늙고 마는 것〉이 인생이라고 하였다. 어찌 보면 삶과 죽음의 경지에서 해탈한 듯한 그이고 보면 짧은 인생이나마 헛되게 살아갈 수 없었을 것이다. 무엇인가 이룩해 놓고 가고 싶을 것은 자명한 일이다. 따라서 백팔번뇌를 상징하는 〈염주알 마디마디 내 시조 새겨 놓고〉 가고 싶다고 하였다. 이 땅의 시조시인으로서의 사명을 충분히 감당하겠다는 명료한 의지의 시구이다.

큰 하늘 한 얼 하나 붉게 영근 네 영가(靈歌)
주름 깊은 손등이랑 꽃떨기 보듬은 미소

적막한 승방 안 독경
고운 숨결 달랩니다.

억겁의 진동 소리 지을수록 타들어 가면
밟혀도 또 일어선 내 영혼 떨고 있다.

온 세상 수평선 사이
한(恨)휘어 큽니다.

이 아침 텅빈 가슴 질긴 목숨 새기느니
한평생 짓이긴 설움 가슴 가득 간직한 채

한 입술 깨문 하늘이
허리 뜯겨 아픕니다.

-「내 영혼 떨고 있을 때」 全文

심장의 진동 소리를 들으며 다시 살아난 삶이고 보면 〈밟혀도 또 일어선 내 영혼〉이란 싯귀가 설득력 있게 다가온다. 헛된 욕심으로부터 벗어난 〈텅 빈 가슴〉으로 〈질긴 목숨 새기〉며 살아가는 생이다 보니 영혼조차 떨릴 정도로 귀한 목숨이며 일순간이라도 헛되게 살아갈 수 없는 인생이었음을 노래하고 있다.

앞에 든 작품들은 삶과 죽음의 어름에서 벗어나는 정경들을 나타낸 작품으로 표제 그대로 『이승과 저승 사이』를 오락가락하던 그 때의 일들을 새삼스럽게 반추해 본 것이다.

## Ⅲ. 실존(實存)과 향수(鄕愁) 의식

시는 단적으로 말해서 자아와 세계의 동일성에서 비롯된다. 자아와 세계의 동일성은 시의 원래의 모습이자 시인이 몽상하고 갈망하는 고향이다. 이 세계는 심리적으로 무관한 대상이 아니라 자기의 삶에 의미를 던지는 실존적 상황으로서 우리의 세계와 어떤 형태로든 관계를 맺고 있는바 가장 순수하고 원초적으로 표상되는 공간이 시의 세계다. 한(恨)을 이야기하다 보면 자연스럽게 공간을 고향으로 확대시킬 수밖에 없다. 왜냐하면 우리의 고향은 포근하고 아늑한 뒷면에 배고프고 헐벗었던 추억도 공존하기 때문이다.

매서운 찬바람 문틈 허리 돌아 눕고
잉앗대 바딧소리 가슴팍에 줄고르면

넋 속의

깊고 깊은 밤
세모시로 밤을 짜고.

무지개 꿈을 몰아 내 영혼 수를 놓고
파고드는 꿈결 속에 보얀 하늘 펼쳐 들면

침묵이
대숲에 걸려
스쳐가는 내 고향.

긴긴밤 자정 넘어 첫닭이 홰를 쳐도
베틀 소리 아슴하게 문풍지 율律)고른다.

새벽녘
달빛 창가에
소복 입은 상여(喪輿) 소리.

-「고향 생각 · 1」(고향의 베틀소리) 全文

시인이 의식적으로 자아와 세계의 동일성을 추구하는 방법으로 동화(同化, assimilation)가 있는데 김 시인은 일상의 세계를 자신의 내부로 끌어들여 그것을 내적으로 동일시하여 인격화시키고 있다. 김창현 시인의 고향은 모시로 유명한 충남 서천이다. 베틀 소리는 어렸을 때 귀에 못이 박히도록 들어온 고향의 소리이다. 〈매서운 찬 바람〉으로 표현한 역경을 이기며 한 필 모시를 짜기 위해 〈가슴팍에 줄고르〉는 여인네처럼 시인은 한 줄 시를 쓰기 위해 〈넋 속의 깊고 깊은 밤〉을 고뇌하고 있다. 〈내 영혼에 수를 놓〉는 시인의 시작(詩

作) 태도야말로 독자들이 공감할 수 있는 아름다운 시 한 편을 쓰기 위해 〈긴긴밤 자정 넘어〉까지 율 고르는 작업을 계속하고 있음을 웅변으로 말하고 있다.

유월은 초록 마시고
비 개면 몰려올 녹음

맨 입은 눈치보다
뒷산 별을 깨운다.

접었다
되펴는 하루
우산 같은 나날들.

한 빛으로 살은 보람
한 터울로 쌓여지고

수정처럼 맑은 유월
햇살이 간지럽다.

속 못 찬
선인장 꽃대
반기는 이 너 하나뿐.

-「고향 생각 · 5」(여름 한나절 II) 全文

시에 있어서의 동일성의 방법으로 앞에 든 동화(同化)와 투사(投

射, projection)가 있는 바 이 작품은 투사(投射)에 해당되는 작품이다. 배고파하는 사람들은 유난히 눈치가 빠르다고 한다. 그렇게 세상 눈치를 살피며 살아온 인생이지만 장마 비가 그치고 난 뒤의 〈수정처럼 맑은 유월〉보다 더 맑고 투명한 삶의 역정이 참으로 애틋하다. 무언가 이루어보겠다고 먼지를 일으키며 살아온 길이었지만 먼지는 흙으로 되돌아 갈 뿐 아무 것도 이룩한 것이 없다는 말처럼 장마철 〈접었다 되펴는〉 〈우산 같은 나날들〉이었음을, 즉 그날이 그날이었던 삶을 애석해 하고 있다.

월명산(月明山) 묵정밭가
봄기운 서려 있고

아지랑이 또 반기며
봄 나비 너울대면

겨우내
시냇물 소리
선잠깨어 기지개켠다.

산꿩도 하얀 입김
토해낸 골짝에는

봄바람 불 때마다
꽃잎도 정다워서

고향의

뒷동산 허리
꽃떨기에 묻히겠다.

-「고향 생각 · 12」(봄) 全文

비록 인생의 줄거리가 없이도 시는 한 순간 속에 오히려 강렬하고 집약된 형태로 자아를 표현한다고 한다. 많은 과거를 회상해 볼 때 어렵고 힘들게 하던 옛날이었지만 그것도 이제는 추억이 되어 다가온다. 고향 땅 월명산 기슭에 버려져 있던 묵정밭에도 봄은 찾아오고, 신열 앓던 대지에서는 모락모락 아지랑이 피어오르며 시냇물도 기지개를 켜며 흐르기 시작할 것이다. 〈고향의 뒷동산 허리 꽃떨기에 묻히겠다〉는 구절에서 모든 것을 툭툭 떨쳐버리고 한걸음에 달려가고 싶어 하는 마음은 비록 시인뿐만 아니라 이 시대를 사는 모든 사람들의 소망이리라.

그리움 모여 사는 별빛 마음 꿈꿀 때
가난한 허공 속에 깊은 한숨 풀어내더니

갈 냄새
별을 헤는 밤
가슴녘가 젖는다.

달빛 차가워도 갈 길은 아직 먼데
초롱한 푸념안고 말없이 돌아갈 뿐

엉기는

그대 환상이
잔물결로 밀린다.

눈먼 가슴 종일 털고 구름 한 잎 걸어 올려
햇살 토한 천년 달빛 선잠 깨운 기침 소리

기운 해
노을만 업고
넘실대는 내 숨결.

-「고향 생각 · 8」(가슴냇가에 뜨는 달 II) 全文

「고향 생각 · 8」도 같은 맥락의 작품이다. 〈가난한 허공〉이지만 〈별빛 마음 꿈〉꾸며 살아가는 인생이 수도승의 눈빛처럼 맑고 곱다. 촉촉하게 젖어오는 〈가슴냇가〉에 이내 추억처럼 풀이 돋고 나무가 자라 숲이 무성할 것이다. 〈달빛 차가워도 갈 길은 아직 먼데〉 내 꿈을 버릴 수가 있겠는가. 움직이는 것은 살아있음의 표상이다. 〈넘실대는 내 숨결〉속에 꿈틀거리는 성취욕들이 큰 보람으로 영글어 갈 것을 기대하게 하는 작품이다.

## IV. 역사 속에서 반추해보는 존재(存在)의 강(江)

하이데거는 『존재와 시간』에서 인간을 세계내(世界內) 존재(存在)와 시간적 존재로 정의하였다. 인간 존재나 시간의 문제는 인간이 고통스럽게 봉착하고 천착해 온 가장 근원적이고 영원한 테마이다. 인간의 시간적 경험 양상에서 개인적이고 특수한 사상(事象)들을 추상하고 보면 지속과 변화의 두 가지 면이 주된 양상으로 남는다 할 것이다. 인간의 아이덴티티는 시간의 경과 가운데 형성되고 또 새로운 아이덴티티 형성을 위해 끊임없이 자기 해체의 과정을 갖는다. 따라서 시인이 다루는 제재의 변화에 따라, 또는 한 시기에 걸친 삶의 과정의 변환에 따라 통시적으로 연결되어 작품으로 형상화시키는 것은 자연스러운 일이다.

골짜기 솔숲머리
산 바람 코를 골면

송진(松津)내 가득 싣는
실개천 풀섶가에

가야금 중모리 장단
맥박처럼 일렁인다.

새벽에 키운 꿈을
햇살이 새 비치면

바쁜 걸음 몰아쉰 숨결
온 아침 철벽인다.

보살 뜻 보듬어 안고
어우러진 안개꽃.

-「계족산(鷄足山) 안개꽃」 全文

계족산은 대전 근교에 있는 삼국시대 백제의 중요한 국경 지대 요새지였다. 그 산세가 험하고 경사가 매우 가팔라서 작은 산임에도 불구하고 요즘에는 등산 코스로 대전 시민들의 사랑을 받고 있다. 백제시대 역사의 현장을 오르면서 우리 겨레의 맥박을 타고 울려오는 가야금 소리를 듣는다. 백수(白水)의 「조국(祖國)」에서 노래하던 가야금의 의미와 비교해 보면 쉽게 이해할 수 있을 것이다. 역사의 현장에서 현실을 바라보는 시인의 시선은 무너진 사직(社稷)도 결국은 보살의 뜻이 아니었는가 하는 의구심을 갖게 하며 모든 설움을 딛고 일어서야 하는 역사적 수레바퀴가 한 무더기 안개꽃으로 피어 있는 것을 우리는 어쩔 수 없이 받아들여야 할 것이라고 노래하고 있다.

반월성(半月城) 넘나드는 산바람 슬어안고
백마강(白馬江) 잔물결 햇살 한 줌 움켜쥐면

백화정(百花亭) 벙근 이슬도
새우잠을 깨운다.

세상이 어지럽게 삼천궁녀 가락 돌면
백제의 잔별들도 천년 사직 아린 숨결

조룡대(釣龍臺) 발걸음 아래
안고 드는 강바람.

계백(階伯) 칼날 소리 뱃사공 가슴 죄며
숨가쁜 고란잎 가다듬는 저 목소리

일어선 은빛 용비늘
낙화암(落花岩) 아래 눈부시네.

-「백제(百濟)의 목소리」 全文

시인의 시선은 백제 시대 신라와의 국경지대였던 계족산에 머물지 않고 역사의 현장에 직접 투사(投射)하게 된다. 그 화려했던 백제의 도읍지를 돌아보며 〈반월성 넘나〉들던 바람은 지금의 바람과는 사뭇 다른 것임을 느끼게 한다. 백제 당시 호화롭던 바람은 간 곳 없고 삼천궁녀가 어울려 가락을 울리며 춤추던 사치마저 뒤에 남긴 채 꽃이 되어 떨어지던 백화정에는 이슬만 차가울 뿐이다. 소정방이 백제를 수호하던 백마강의 용을 잡기 위해 백마를 낚시 밥으로 하여 용을 잡아 올렸다던 조룡대에서 우리는 무엇을 느낄 것인가. 부소산을 안고 돌아가는 강바람이 허허로울 뿐이며, 그런 와중에서도 끝까지 나라를 지키려고 처자(妻子)를 먼저 베던 계백의 칼날 소리가 오히려 헛헛하게 뱃사공의 가슴을 죄게 한다.

질긴 생명 이어온 꽃 기쁜 일 슬픈 일도
영원히 기억하는 은근과 끈기 심성

단군이 세운 고조선
민족의 긴 뿌리.

임진왜란 역경도 일제 억압된 분노도
광복의 기쁨도 언제나 너와 함께

더불어 굳게 살아온
끈질긴 너.

한민족끼리 피흘린 6 · 25의 슬픔
겨레의 분단된 처절한 아픔도

뿔뿔이 서로 헤어진
이산가족의 피눈물.

-「무궁화」 9수 중 둘째, 넷째, 다섯째 수

시인은 백제의 유적지를 돌아보며 새삼스레 가슴 아파 하지만 그런 정경을 말없이 바라보며 가슴 졸이던 무궁화에 비할 수 있으랴. 멀리 고조선 시대부터 백의민족의 상징이었던 무궁화는 그야말로 〈민족의 긴 뿌리〉 그 자체다. 본고(本稿)에서는 언급하지 않았지만 셋째 수에서 다룬 〈삼국으로 갈라져〉 살던 일이며 〈중국이 큰 침략해 온 고난과 험난한〉사실들이 가슴 아플 뿐이다. 그 뿐이랴. 임진왜란과 민족상잔의 6 · 25 동란을 반추하며 참으로 끈질긴 민족이었음을 대견해 하지 않을 수 없다. 마냥 슬퍼하고 애태울 일만은 아니다. 세계를 놀라게 한 88올림픽을 노래하며 참으로 위대한 한민족임을 노래한다. 〈눈부신 성장〉속에서도 〈교통사고 제1위국의 수치〉를 노래하기도 하며 비교적 장시에 해당하는 작품이다.

그러나 전체적으로 이미지의 산만함을 느끼게 됨은 부인할 수가 없다. 한 제목의 작품으로 나타낼 때에는 이미지가 집약될수록 그 뜻은 강해진다. 이미지는 원관념(元觀念)과 보조관념(補助觀念)의 관계에 따라 그 감동적 가치나 수사적 우수성이 결정되는 것이므로 상이(相異)한 두 사물을 병치(竝置)함으로써 시적 효과를 극대화시키도록 노력한다면 더 좋은 작품이 될 것 같다.

## Ⅴ. 현실 세계에서 바라본 존재(存在) 의식(意識)

시인도 어차피 한 시대를 사는 현실인이고 보면 현실을 외면하며 살 수는 없다. 크로체(Croce)의 말처럼 모든 인간은 언제나 자기가 겪은 인상과 감정을 표현하기 때문에 모두 시인처럼 말한다고 볼 수 있으며 만약 시가 '신(神)의 언어' 즉, 특수한 언어라면 우리는 그것을 이해할 수 없을지 모른다. 따라서 시인은 일상 언어를 사용하면서도 산문의 언어 현상과는 달리 특수한 심리적 구조나 반응에 기여하도록 언어를 사용해야 하는 이유가 여기에 있다.

시의 언어가 대상을 지시하는 의미론적 기능을 벗어나 삶의 리얼리티를 구현하는 이유는 시의 언어가 현실 파악의 정서로 살아있는 언어이기 때문이다. 시는 근본적으로 역설적인 언어라는 사실을 생각할 때 의미 차원이 아니라 존재론적 차원임을 지향해야 한다.

꽃피는 봄 나비떼 날면

묵정밭 잿기질 몬다.

꽃과 나비가 새봄에 만났다고 귓속말을 소곤거리는데, 먹는 사랑, 입히는 사랑, 가르치는 사랑(교육)이 중요하다는 사실은 까마득히 모르는 채, 호화판 사치 풍조에 열을 올리고 있다. 이 세상을 작은 손바닥 위에 올려놓고 황금만능주의로 요리하려는 습성이 언제부터 생겨났는지…. 외제품 수입이 자유화되고 물질문명이 팽창해서 외제품 사재기 유행병에 걸린 상류층은 자기 외제 가구가 가보(家寶)라고 떠벌린다. 나 혼자만 잘 먹으면 우리 집 강아지까지 먹여 살리는데….

내 조국
염통 곪는 속
두 눈 뜨고 볼 것인가

-「봄」 全文

이 작품은 현실 세계를 날카롭게 비판하고 있다. 〈묵정밭〉으로 상징된 가난한 농촌 현실과 〈호화판 사치〉에 열을 올리고 있는 상류층과의 괴리 현상을 리얼하게 그려내고 있다. 〈꽃과 나비〉의 입을 빌려 의식주 해결과 교육의 중요성은 외면한 채 외제품 사재기에 열을 올리며, 우리의 고전미가 넘치는 가구는 헌 짚신짝처럼 내버리고 거액을 들여 사들인 외제 가구를 가보(家寶)라고 자랑하는 한심한 상류층을 보면서 무너져가는 내 조국을 걱정하고 있다.

아무리 아는 것 많아도 조국하나 없어 봐라
남모르고 나만 알고 황금만 요리해 봐라

그것이 바보겠는가
눈만 살은 천치지.

아무리 고향이 있어도 정하나 없어 봐라
나만 혼자 사재기 이웃을 몰라 봐라

그것이 바보겠는가
양심 없는 천치지.

아무리 요령이 좋아도 세상하나 없어 봐라
돈만 알고 사람 모르고 정의를 몰라 봐라

그것이 바보겠는가
허울좋은 천치지.

-「삶 · 17」(그게 바보냐 천치지) 全文

「삶 · 17」도 같은 선상에 놓이는 작품으로 조국을 먼저 생각하지 않는 개인이 얼마나 허황된 것인가를 빗대어 묘사하고 있다. 정 없이 살아가는 도시민들의 삶을 힐책하고 있으며 정의를 바탕으로 하지 않는 돈은 사람을 얼마나 치사하게 만들고 몰 양심의 세계로 몰아가는 것인지 역설하고 있다. 그러나 이러한 알레고리 서술법에는 다소간 주의가 필요하다. 교훈적 메시지를 독자에게 강렬하게 전달하고자 할 때 이러한 수사법을 흔히 쓰는데, 교훈적 메시지를 그냥 그대로 전달한다면 독자는 쉽게 식상(食傷)해버리는 경향이 있다는 사실이다. 다시 말하면 관념적 어휘와 교훈적 메시지가 너무나 빤히 드러나 보여 오히려 독자들이 거부감을 느낄 수도 있다는 것을 염두에 두어야 한다.

갯내음 한켠에도 곰실대는 생각 저 끝
이승에 머물다간 정겨운 사연들만

찬란한 하루를 벗고
책갈피만 쌓였지.

파도가 노을 담고 모래톱에 서성이다
때 묻은 흔적마다 물거품 놀라 깨면

낯익은 모습 또 하나
아픈 삶을 다독였지.

가냘픈 날개 짓도 빈 가슴 어루만져
칭얼댄 갯바람이 떠는 섬 보듬다가

수평선이랑 사이에
하이얀 꿈을 심었지.

-「삶 · 19」(생각 저 끝에는) 全文

생각 저 끝에는 무엇이 있을까? 먼 고향 서천(舒川) 바다를 회억하면서 뭉클 솟구쳐오는 갯내음을 떠올리며 정겨운 사연들을 책갈피에 쌓고 있다. 책갈피에 쌓인다는 이야기는 향수가 어리는 일들을 시로 형상화하는 시인으로서의 작업은 아닐까 싶다. 〈파도가 노을 담고 모래톱에 서성이다 / 때문은 흔적마다 물거품 놀라 깨면〉같은 싯귀나 〈칭얼댄 갯바람이 떠는 섬 보듬다가〉같은 싯귀는 오랜 시력(詩歷) 끝에 나올 수 있는 가구(佳句)라고 생각된다.

가슴 가득 번져오는 무거운 멍에 짊어지고
땀 절은 삶 붙잡고 숨죽인 내 절규가

혼미한 긴 터널 지나
저승 빠져나온 이 한 몸.

삐꺽이는 시간은 제자리 맴을 돌고
고통스런 신음소리 심장이 헐떡이면

실려간 지난 세월과
마주 섰는 내 영혼.

귓가에 어지럽던 벼랑 오른 삶 무대
내 손길 세상앓이 가슴저린 한 평생

입술 탄 부서진 아픔
달 지는 새벽까지.

-「삶 · 20」(땀에 절은 삶을 붙잡고) 全文

「삶 · 20」은 표제 작품 「이승과 저승 사이」와 같은 맥락의 작품으로 삶의 〈무거운 멍에〉를 짊어지고 살아가는 이 땅 모든 인간들의 입장을 대변하는 것으로 보인다. 혼신의 힘을 다하며 살아가기 위해 흘리는 땀이야말로 참으로 고귀한 삶의 흔적이다. 더욱이 이승과 저승을 헤매이던 시간 즉 〈혼미한 긴 터널지나 저승〉에서 빠져 나온 삶이고 보면 〈고통스런 신음〉이 있었을 것이고, 힘겨운 투쟁으로 인하여 〈심장이 헐떡〉일 수밖에 없었을 것이다.

## VI. 마무리

문학을 가장 단적으로 말해 언어 예술 또는 언어로 미를 창조하는 예술이라고 한다. 이것은 물론 언어 없이는 문학이 성립할 수 없음을 입증하는 소박한 정의라고 볼 수 있다. 그러나 오늘날 언어에 대한 태도는 언어를 의미의 본체로 보거나 역설적으로 언어를 거부하고 언어로부터 해방되려는 극단적 형태로까지 달라지고 있다.

시인의 타고난 감수성인 공감각과 기억의 재료를 사용하는 언어 행위가 표현이라고 볼 때, 김창현 시인의 시집 『이승과 저승 사이』는 과거의 경험을 오늘에 반추하여 현대 언어의 감각으로 섬세하게 엮어낸 역설과 패러독스가 함께 어우러진 물빛 좋은 한 필 비단과 같다. 즉 시인의 정신과 경험과 감각을 역사의식과 융합시켜 자아를 총체화한 상태에서 자연과 조응시킨 황홀 가운데서 느낄 수 있는 시집이라고 생각된다. 말하자면 객체를 자기 자신과 동일화하여 실제의 심적 상태와 작품의 내용을 일치시킨 아주 순수한 결정체로서 성실성이 리얼하게 나타난 자전적이요 고백적인 시집이라는 데에서 감동이 배가(倍加)되는 좋은 시집이다. 내면세계로부터 우러나오는 시인의 고뇌와 한(恨) 의식이 시인 특유의 절묘한 상상의 과정을 거쳐 일상생활은 물론 역사의 현상까지 두루 섭렵한 애환의 시집이다.

김창현 시인은 일상과 과거의 경험에서 얻어진 소재들을 그가 집착하고 있는 민족의 한(恨)을 풀어보고자 하는 소명 의식으로 해결하려 하고 있으며, 그의 시조는 아픔과 슬픔으로부터 출발하였으되 절망에 그치지 않고 겨레와 조국의 미래를 밝게 하고자 하는 순수한 시인으로서의 선구자적 갈망의 견지에서 노래하고 있어 매우 긍정적이다.

전혀 식을 줄 모르는 김 시인의 시조에 대한 열정에 경의를 표하며 더욱 건강한 모습으로 오래도록 뛰어난 언어의 마술사로서의 사명을 다해 주시기를 바라는 마음 간절하다.

# 3부

## 시집 평설

# 투철한 역사의식과 삶의 미학

## 박종국 시집 『백령도에 비가 내린다』

1.

박종국(朴鍾國) 시인이 그 동안 두루 섭렵했던 사랑 이야기를 접고 온 산천을 더듬은 기행시집을 엮는다. 그는 사랑이라는 단일 주제를 가지고 3년 동안 1,095편이라는 매우 놀라운 양의 시를 생산해 낸 저력 있는 시인이라는 데에 우리는 감탄해 마지 않는다.

이번에 엮는 『백령도에 비가 내린다』 上 · 下권은 전 국토를 누비며 예리한 시인의 눈으로 포착한 끈질긴 삶의 현장이나 분단의 현주소, 세태 풍자, 그리고 아름다운 고국산천을 그의 섬세한 시적 재질을 십분 활용하여 물빛 고운 비단을 짜는 마음으로 물아일체(物我一體)의 경지를 노래한 작품집이며 훌륭한 여행 안내서라고 말할 수 있다.

문학이라는 것을 가장 단적으로 말한다면 언어로 미를 창조하는 예술이라고 할 수 있을 것이다. 이것은 물론 언어 없이는 문학이 도무지 성립할 수 없음을 입증하는 가장 소박한 정의가 될 것이다. 시라는 것은 시를 쓴 시인이나 독자들이 다같이 공감할수록, 다시 말해 많은 이가 공감하는 작품일 때 좋은 시가 될 것이다. 그러기 위해서 시인은 아지랑이를 보듯 몽롱하거나, 안개 속을 헤매는 듯한 시적 영감일지라도 속삭이듯, 외치듯 같이 느낄 수 있게 공감각적 요소들을 표출하여야 할 것이다. 특히 시의 언어는 근본적으로 역설적인 언어라고 볼 때에 박 시인은 일상생활 속에서 사용하는 언어를 가지고 외쳐야 할 때는 큰 소리로 외치고 속삭일 때는 감미롭게 속삭이며, 때로는 역설적으로 때로는 상상력을 동원하여 적절하게 시를 그려내고 있음에 대하여 그의 시적 재질은 더욱 빛을 보게 된다.

이제 사설은 그만 접고 그의 시를 감상해 보고자 한다.

2.

백령도는 지리적으로 한반도의 허리통 부분
신라 - 중국 배로 왕래할 때
사나운 물살에 중간 기착지
뱃길 따라 7시간 여쯤이면 산동반도(山東半島) 닿고
저 끝이 몽금포타령의 무대요
장길산의 매로 이름을 드높인
장산곶으로 5㎞ 쯤 바닷길 따라 나아가면
눈먼 아비 공양미 삼백 석 마련코자 선뜻
남경 상인에게 제물로 팔려서 물에 빠졌던
만고 효녀 심청의 인당수다

-「백령도에 비가 내린다 · 8」의 일부

시집의 표제 작품인 「백령도에 비가 내린다」의 일부분이다. 앞에서 언급한 것처럼 이 시를 읽어보면 백령도의 역사적 사건이나 위치 등을 쉽게 알아볼 수 있는 여행 안내서로서 손색이 전혀 없는 작품임을 우리는 어렵지 않게 알아챌 수 있다. 박 시인은 이 시집 한 권이면 별도의 여행안내서가 필요 없을 정도로 친절하고도 자세한 필치로 시적 정경을 그려내고 있어 독자들에게 친근감 있게 다가가고 있다. 그러면서도 있는 정경을 그대로 그려내는 것에 그치지 않고 시인의 가슴에 닿는 사실을 접할 때면 가차 없이 채찍을 휘두르는 날카로움까지 표출하고 있어 독자들의 긴장하게 만든다.

다음 작품을 읽어보면 쉽게 이해할 수 있을 것이다.

누가 뭐래도 무궁화는 우리나라 꽃임에도
2002년 월드컵 축구 또는 꽃박람회에
외국 손님이 많이 찾아와
정말 아름다운 하늘이며 산 자연을 가진 나라
--중략--
백령도에 무궁화 꽃길을 조성하였는데
마땅한 묘목이 없어
중국에서 전량 수입하여 심어야 했다는
가이드의 아이러니한 이야기가 끝끝내 걸린다.

-「백령도에 비가 내린다 · 16」의 일부

분단의 접적 지역에 와서 무궁화 꽃길을 조성하는데 있어 그 묘목을 중국에서 전량 수입했다는 아이러니한 현실에 시인은 울분을 토로하고 있다. 실로 있을 수도 없고 있어서는 안될 일들이 우리 앞에 현실로 펼쳐져 있음을 가슴 아파하고 있다.

얼굴이 벌겋게 달아올랐구나
간밤엔 얼마나 또 퍼마셨니
아니 아침부터 어쩐 술타령
작은 바람결에도
흔들흔들
비틀비틀
몸을 제대로 가누질 못 하는구나
누가 너를 그토록 화나게 했니
저 붉으락푸르락 상기된 얼굴
목줄기까지 타올랐네
혹, 어젯밤 연인끼리 다투기라도
사랑싸움 저 환한 얼굴 좀 봐
좀 진정 좀 해봐라
고추밭이 익는다. 빛깔이 익는다.

-「우산 속 가야산 가을 산행 · 1」 전문

붉게 물든 단풍에 비까지 내렸으니 얼마나 단풍빛이 곱게 타올랐겠는가. 여행을 하다보면 공식 여정이 끝나는 밤이면 술 한 잔 없을 수가 없는 일 아닌가. 정작 술을 마신 것은 단풍이 아니고 시인 자신일 텐데도 단풍이 취하여 벌겋게 달아올랐다는 싯귀에서 박 시인의 시적(詩的) 환치(換置) 감각과 물아일체(物我一體)의 재능을 발견할 수 있다. 읽을수록 입가에 미소가 번지게 하는 작품이다. 이런 정경은 여기에서 인용은 하지 않았지만 같은 작품 · 2로 자연스럽게 연결되어 형용할 수 없을 만큼 아름다운 단풍의 색깔을 유치원생이 마음 가는 대로 색칠해 놓은 것 같다는 재미있는 상상으로 이어지고 있다. 그것도 부족하여 '아예 물감을 부어놓은 것 같기도 하'고 '산불을 놓고 있'다고 상상의 나래를 활짝 펴고 있다. 시에서 사용하는 언어는 언어와 사물을 직접 연결하여서는 결코 시가 되지 않는다. 시인의 안테나에 포착된 사물이 상상력이라는 중간적 사고를 거쳤을 때 비로소 우리는 시다운 시, 아름다운 시를 만나게 된다. 그런 면에서 박 시인의 시는 폭 넓은 상상의 세계를 무기로 하여 서경적인 풍경을 시원스럽게 열어가고 있다는 데에 우리는 기쁘게 생각한다.

단풍 속에
진달래나무 꽃눈이 맺혔구나
긴긴 겨울을 무사히 이겨내야
새 봄 맞아 환하게 웃으리
역경 없이 좋은 일을 맞을 손가
구한말 민비와 아웅다웅
대원군의 하야를 상소 성토한
대쪽 같은 성품 최익현 선생
오로지 구국 일념
부라린 눈매
동상에 담겨
대치터널 위 널찌감치 자리 잡고
꼴불견 같은 녀석들 역겨워
오늘도 단식투쟁 중이신데…

-「칠갑산 · 3」 전문

이 작품에서는 요즘 세태에 대한 신랄한 풍자의식을 읽는다.

단풍의 계절에서부터 진달래는 벌써 새 봄(꽃눈)을 준비하는데 우리네 인간은 현실의 작은 이익에 얽매여 아웅다웅 싸우고만 있으니 참으로 답답한 일이 아닐 수 없다. 박 시인은 오늘의 세태를 풍자하면서 시간과 공간을 조선(朝鮮) 말기(末期)로 독자(讀者)들을 끌고 간다. 시공(時空)을 넘나들 줄 아는 박 시인의 상상의 나래가 운신하는 폭이 넓다. 오늘날 여론 조사에서 보면 국민들 대다수가 정치에 염증을 느끼고 있다는 반응이 많다고 한다. 하루가 멀다 하고 터지는 부정 부패 사건들, 날조를 통한 진실 외면의 사건들, 원인을 모르는 의문의 죽음들(원인을 모를 리야 없는 일이지만), 권력의 핵심부에서 식성(食性)좋게 꿀꺽 꿀꺽 잘 잡수시던 입님들… 이런 것들로 하여 국민들은 기대감을 상실한 것이 아닌가. 그런 꼴들을 보면서 단식 투쟁이라도 하고 싶은 시적 화자의 심정을 최익현 선생과 같은 역사적 인물을 끌어들이며 동상마저 단식을 하고 있다는 뛰어난 상상으로 표출한 것이야말로 실로 절묘하지 않는가!

현실 풍자에 대한 시인의 상상력은 여기에 머물지 않고 「천불산 운주사」라는 작품으로 자연스럽게 이어진다.

> 꽃나무마다 봄기운을 알아차린 듯
> 발돋움하려 하지만 아직은 아니다
> 밖에 바람이 차고 밤을 지새우기
> 마음처럼 쉽잖으리.
>
> -「천불산 운주사 · 4」 일부

그래도 자연은 때를 알아 스스로 오고가고자 '발돋움하려 하지만' 아직은 때가 아니라고 시인은 만류한다. 아직 밖에 바람이 차니 좀 더 기다리라 한다. 설사 그 기다림이 절망일지라도…. 이와 같이 박

시인은 여행 중에 만나는 정감들을 정감 그대로 직설적으로 표현하지 않고 우리의 현실 세계와 결부하여 우회적으로 나타내는 범상한 재주가 있음을 퍽 다행스럽게 생각한다.

지난 봄, 여름 넉 달여 유례없는 가뭄 끝에
가까스로 이룬 대풍
농민은 쌀값 보장 시위에 농번기보다 바쁜 나날
그간 무척이나 포근하더니 11월 접어들자
날씨마저 〈쌀쌀〉하다.
--중략--
산간지방이라 벌써 된서리가 내려
꿈틀꿈틀 머리 들고 기어 다니던 호박넝쿨이며
고추 섰던 고추밭은
고개를 처박고 폭삭 주저앉는다
주먹손만한 아기호박이 민망하도록 안쓰럽다.

-「천태산 가는 길 · 2」 일부

10여 년 전 우루과이라운드부터 시작된 우리 농민들의 시름을 노래한 작품이다. 예전에는 풍년이 들면 너 나 없이 온 국민이 좋아했는데 어떻게 된 세상인지 풍년이 들어도 이래저래 걱정이다. 심할 땐 수확도 되지 못한 채 서 있던 자리에서 묻히지 않으면 다행인 세상이다. 그런 상황들을 시인은 힐난하게 풍자하며 심한 패러독스를 읽게 한다. 하늘(날씨)마저 〈쌀쌀〉하다고 표현한 데에서 풍년을 만들어 준 절대자도 날씨 추운 것을 나타내는 '쌀쌀'이 아니라 풍년으로 쌓아 놓은 〈쌀쌀〉로 표현하여 걱정하신다는 듯한 묘한 뉘앙스를 느끼게 쓰는 박 시인은 시를 이리 굴리고 저리 굴리는 시적 재질이 뛰어난 시인임을 알게 한다. 축 처지고 폭삭 주저앉은 것은 호박넝쿨이나 고추밭이 아니라 농민의 어깨임을 독자들도 쉽게 간파하리라 믿는다.

사방에서 꽃비가 내리는 해맑은 봄날
전라도 나주에 들어서니
황토밭에 배꽃이 만발했네
달빛이 아니라도 온 천지가 환하다

-「꽃꽃꽃, 남도길 따라 다산초당 · 1」 일부

전라도 나주는 배(梨)로 유명한 지역임은 독자들도 잘 아는 사실이다. 배꽃 환한 경치를 보며 그냥 지나쳤다면 시인의 재능을 의심받았을 것이다. 붉은 황토밭을 배경으로 한 배꽃의 순결하고 아름다운 모습을 색감 있게 대비하여 물빛 좋은 한 필 비단 같은 시를 박 시인은 뽑아냈다. 게다가 이 작품을 읽다보면 달빛까지 끌어들여 이조년(李兆年)의 고시조(古時調) '이화(梨花)에 월백(月白)하고 은한은 삼경인데'를 연상케 함으로 하여 박 시인은 이처럼 우리의 전통문학 시조(時調)에도 상당한 관심과 조예가 있는 것으로 생각되어 운신하는 시의 세계가 넓은 것으로 여겨진다. 가장 한국적인 것이 가장 세계적이라 하듯이 전통 문학을 바탕으로 한 시 작품이라야 한국인의 시로서 존재의 가치가 있을 것이다.

나무처럼 삶에 예민한 것도 없다

조금만 바람이 불어도 푸들푸들
세차게 몰아치면
죽는다 허리 꺾어 아우성
밤하늘에 별을 헤며 이슬을 받고
무더운 날도 꼿꼿이
이제나저제나 알 수 없는 기다림
한번 선 자리 원망 없는 지킴이

-「내 고향 설화산 자락에서 · 5」 일부

이 작품은 고향 근처의 초목을 통하여 민초(民草)의 애환을 적나라하게 그려내고 있다. 흔들리는 대학입시 정책으로 하여 많은 학생들이 엄청난 고충을 겪고 있듯이 국가시책이 자주 바뀔 때마다 고통을 겪는 것은 민초(民草)들이다. 이렇다 할 헛된 욕심을 부리는 일이 없이 '밤하늘의 별'이나 헤며 '이슬을 받고' 사는 민초들인데, 태어난 그 자리에서 그냥 그대로 평탄하게 살아가게 했으면 하는 소박한 바람이 끈끈하게 묻어나는 작품이다.

마지막으로 그가 왜 여행에 미쳐 있는지, 왜 산에 가는지를 작품을 통하여 알아보는 것도 재미있지 않을까 싶다.

인간의 썩은
내장과 달리
산의 속내
깨끗함이여.
그래서

산이 좋아
산을 닮으려
오늘도
산에 오른다.

-「산에 가는 이유 · 1」의 일부

무사(無辭)! 왜 산에 가는가에 대하여 이 작품을 읽어보면 무슨 할 말이 있는가. 욕심으로 가득 찬 인간의 썩은 냄새가 싫어 산의 깨끗한 속내를 맡고 싶어 산에 간다. 그것도 모자라 산을 닮고 싶어 하는 시인의 마음이야말로 순수 그 이상도 이하도 아니다. 마치 한 알 수정을 보는 듯하다.

다만 시적 진실을 살짝 감추어 궁금증을 더하게 하여 가슴 두근거리게 하는 표현법을 썼더라면 금상첨화(錦上添花)였을 것이었음을 새겨보았으면 좋겠다. 알레고리는 어떤 교훈적 메시지를 은근하게 전달하고자 할 때 자주 사용하는 기법인데 시의 전체적 분위기가 원형적 상징의 분위기로 충만 될 때 시의 생명력은 배가(倍加)되기 때문이다.

3.

시에 있어서의 성실성은 시적(詩的) 자아(自我)와 경험적(經驗的) 자아(自我)의 동일성뿐만 아니라 독자(讀者)마저 작중 인물에 투사(投射)시킴으로써 인물과 동일성을 갖게 한다. 그리하여 시인(詩人)

과 시적(詩的) 자아(自我), 독자(讀者) 사이의, 그리고 인생과 예술 사이의 구분을 파괴하고 연속성과 동일성을 성립시키게 된다는 것이다.

박 시인은 시를 씀에 있어 굳이 낯설게 하기를 시도하지 않는다. 시에서 낯설게 하기라는 용어는 일상 언어, 규범문법의 파괴와 전통미적 파괴에서 발생한다고 한다. 시는 이러한 파괴의 산물이어야 하고 또 여기에서 시의 예술성이 나타난다고 혹자는 말한다.

그러나 박 시인은 낯설게 하기가 시인과 독자 사이를 멀게 한다는 큰 요인 중의 하나라고 생각하며 시적 진실을 치장하거나 가식을 고려하지 않은 꾸밈없는 일상용어를 사용하여 시인과 독자 사이의 연속성을 확립하고 친근감을 느끼게 하는데 노력하고 있다.

박종국 시인의 기행시집 『백령도에 비가 내린다』는 눈을 감고서도 여행지의 정경을 상상할 수 있게 하고, 또 상세한 여행 안내서로서 조금도 손색이 없는 훌륭한 시집이라고 생각한다. 여행 중에 만난 사물들을 시인 특유의 날카로운 시선으로 감정을 이입시켜 세상을 풍자하고 비판하며 쉽게 읽히면서도 무언가를 생각하게 하는 좋은 시집이라고 생각한다.

왕성한 창작력을 바탕으로 머지않아 시단(詩壇)의 큰 별로 솟으시기를 기원하고 또 그렇게 되리라 믿으면서 기행시집 『백령도에 비가 내린다』 발간을 다시 한 번 축하드린다.

# 삶의 향기가 흐르는 현장의 시학(詩學)

## 박종국 시집 『야릇한 돼지의 미소』

어번(Urban)은 인간 언어의 발달 과정을 사실적(事實的) 단계, 유추적(類推的) 단계, 상징적(象徵的) 단계로 분류하였다. 사실적 단계란 원시인이나 아이들의 언어처럼 대상을 흉내 내고 묘사하는 언어이며, 유추적 단계란 통상적으로 사용하는 비유의 용법을 말한다. 상징적 단계는 언어의 경지 가운데 가장 높은 단계의 언어로서 보통 시의 언어를 일컫는다. 바꾸어 말하면 시에 있어서 상징성이 없다면 그 시는 독자들로부터 크게 공감(共感)을 얻지 못한다는 말과도 통하는 말이다. 인간의 아이덴티티(個性)는 시간의 경과 가운데 은연중에 형성되기도 하지만, 시인들은 새로운 아이덴티티의 형성을 위해 끊임없이 자기 해체의 과정을 겪는 사람들이다.

시인이 시를 쓰는 것은 자신의 감정을 표현하기 위함이다.

박종국 시인의 시적 감정은 상황과 시인의 생각에 따라 다양한 모습으로 나타나고 있는 바, 시대와 현실에 대한 고민이 시적 정서로 승화되기도 하고 존재에 대한 실존적 탐구 의식으로 표현되기도 하며 현실 속에서 겪는 일들을 수준 높은 시재(詩才)를 통하여 풍성하고도 물빛 좋은 알찬 과일로 생산해 내고 있다. 그는 시를 씀에 있어 생활 속의 언어인 평이(平易)한 시어(詩語)를 사용하면서도 그 쉬운 말의 교묘한 조합을 통하여 시적(詩的) 울림을 크게 창조하는 재능을 가진 시인이다. 그뿐 아니라 세부적인 언어 표현의 측면에서 섬세하고 자상한 감각적 수완을 발휘하여 시적 표현의 모범적인 솜씨를 연출해내고 있다.

이미져리(imagery)는 단순한 한 개의 이미지(image)가 아니라 언어에 의하여 마음 속에 생성된 이미지군(群)을 말하는 바, 박종국 시인의 이미져리는 실로 다양하기 이를 데 없다. 그가 지금까지 발간한 시집을 보아도 사랑이란 주제로 세 권의 시집을 엮었고, 여행을 주제로 하여 여러 권의 시집을 엮었으며, 나열하기 힘들 정도로 다양한 이미져리를 생성해내고 있는 저력의 시인이다. 그만큼 그의 시는 주제 면에 있어 끊임없이 변모하고 있으며 다양성을 추구하고 있다.

…전략(前略)…
그래,
저 바람이 꽃바람이야
나무마다 분칠 꽃피우는 거야
소곤대는 속삭임은
나뭇가지에
설화로 곱게 반짝이고
까르르 웃음소리는
바위 아래
고드름으로 주렁주렁 매달리고
…중략(中略)…
甲寺 단풍잎

아직 눈 속에 깔려 있지만
머잖아 동학사의 신록을 그리며
절벽 틈바구니에
진달래 여린 꽃망울
모처럼
이불 푹 뒤집어쓰고 몸 녹인다.

-「눈꽃 세상」 일부

시는 시인을 닮아야 한다. 시를 읽으면 시인의 성품을 발견할 수 있고 유추해 낼 수 있어야 한다. 시는 시인의 분신(分身)이기 때문이다. 나는 박시인의 시를 읽으면서 박시인과 개인적인 친분 관계로 술잔을 나눌 때 그 순수하면서도 열정적이었던 모습을 떠올리곤 한다.

이 시는 여리고 순수한 시적(詩的) 심안(心眼)을 가진 자만이 들을 수 있는 자연의 소리를 그려낸 작품이다. 나뭇가지마다 쌓인 하얀 눈을 보고 이제 불어올 꽃바람을 기다리며 곱게 보이기 위하여 나무들이 분칠하고 있다는 감각적 표현은 어린이와 같은 순수의 표현이며, 얼음장 사이로 졸졸졸 흐르는 시냇물의 소리를 까르르 웃는다고 하여 청각적 이미지를 여과 없이 그리고 있어 읽는 이로 하여금 미소가 나오게 한다. 또한 밤이 깊으면 새벽이 멀지 않으리라는 말과 같이 아직은 가지마다 하얀 눈꽃이 피어 있지만 녹아 흐르는 시냇물의 소리를 들으면서, 봄이 머지않아 올 것임을 예측하며 긍정적인 시선으로 사물을 바라보고 있음을 알 수 있다.

…전략(前略)…
선이 많을수록

인간의 힘이 과시된 표시다
굵고 가는 선이 핏줄처럼 뻗어
사방으로 이어지고 있다
산이 줄기 따라
주름 잡히듯이
거대한 거미집을 짓고
혼자는 못사는 인간이기에
어딘가 자꾸 줄을 잇대고 있는.

-「선으로 이어진 평면도」 일부

이 시는 김포에서 제주도를 향하여 날아가는 비행기 안에서 굽어본 조국 산하를 그린 시인데 국토대간(國土大幹)의 산맥들이 선(線)과 선(線)으로 이어지고 있음을 무심코 바라보다가 순간적인 깨달음을 통하여 풍자시로 변모시킨 작품으로 보여진다.

〈혼자는 못사는 인간이기에 / 어딘가 자꾸 줄을 잇대고 있는〉이라는 싯귀에서 보면 얼핏 더불어 살아가는 세상을 나타낸 것으로 보이지만 조금만 깊이 파고들면 여기저기, 특히 고관대작들과 어떻게든지 선을 이어 일신상의 이득을 탐하는 인간들의 꼬락서니를 힐난하게 빗대어 풍자하고 있어 독자들을 통쾌하게 긴장시키고 있다. 학연(學緣), 인연(因緣), 지연(地緣) 등을 있는 대로 동원하여 줄대기를 시도하며 살면서 출세를 향하여 수단과 방법을 가리지 않는 약삭바른 세상 풍경을 상징적으로 풍자하고 있음을 볼 때 박시인은 시를 이리 굴리고 저리 굴리는 범상한 재주가 있음을 알 수 있다.

백년만의 가뭄에 울안축대 틈바구니

바싹 말라 만지면 부서지던 이끼苔
허무하게 죽고 말았구나 했는데
비 몇 번 오고 나자
언제런 듯 시퍼렇게 되살아나서
융단을 내걸은 듯
가슴을 펴고 활짝 웃고 있네
불씨보다 더 끈끈이 번지는 생명력
그냥 쉽게 보아 넘기는 게 아니었어
…중략(中略)…

-「이끼」 일부

우리 겨레의 민족성을 대표하는 말로 은근과 끈기를 들어 설명하는 글이 있었음을 독자들은 기억할 것이다. 반 만 년의 역사 속에 무려 700회 가까이 외침(外侵)을 받으면서 부대껴 온 우리나라다. 그러면서도 아직도 살아남아 있으며, 그 뿐만 아니라 이제는 세계 속의 한국이 되어 올림픽이나 엑스포, 월드컵 등 굵직굵직한 세계적인 행사를 거뜬히 치러낸 저력 있는 우리나라다. 국가의 존폐가 바람 앞의 등불같이 위태로운 지경이 어디 한 두 번이었던가? 그런데도 생명력을 발휘하여 견디며 버텨 온 오천 년을 생각해 보면 실로 대단한 나라다.

그러나 〈만지면 부서〉질 듯 거의 말라 죽었다가도 〈비 몇 번 오고 나〉면 다시 〈시퍼렇게〉 되살아나 녹색 융단을 자연 앞에 펼쳐 놓는 이끼에 비한다면 〈인간처럼 허약한 것도〉 없다고 설파하고 있다.

세익스피어의 4대 희곡 중 햄릿이라는 작품에서 보아도 인간을 죽이는 데에는 잘 뎁혀진 참기름 몇 방울이면 족하다는 구절을 생각해 보면 참으로 예리하게 인간의 참모습을 그려낸 것이 아닌가 싶다.

…전략(前略)…
시원한 국물도 함께
고추 빻고 마늘 찧어 생강에 젓갈국물로
마음의 정성 손끝으로 버무려
몇 날 며칠에서 몇 달까지 숙성
행복도 그냥은 아니야 김치 담그는 정성
할 수 있다는 긍정적인 마음에서
우선 좋은 재료를 준비하세요
식탁에 맛깔스런 김치를 준비하듯
생활 속에 행복을 잘 버무려 담아보세요
좋은 향기 쑥쑥 피어오르거든
혼자만 말고 여기 저기 퍼내 나눠보세요
…후략(後略)…

-「오늘은 행복을 담그어 보세요」 일부

이 작품은 세계적인 우리 고유의 음식인 김치가 숙성되기까지의 과정을 재미있게 표현하였다. 속을 도려내는 듯한 고추, 마늘 등을 고루 버무려 거기다가 매캐한 생강까지 함께하여 몇 날, 아니면 몇 달 동안 숙성되어 감칠맛 나는 김치가 되었을 때 혼자만 먹지 말고 〈여기 저기 퍼내 나눠보세요〉라고 말하며, 울타리 너머로 음식을 나누며 정을 나누던 민족임을 자랑하고 있다.

그러나 조금만 더 깊이 들어가 보자. 한낱 김치가 익는 데에도 몇 날, 몇 달이 걸린다. 숱한 시간이 흘러간 뒤에야 숙성되어 맛깔스런 김치가 되는데 우리네 인생살이는 어떠한가? 그런 측면에서 바라본다면 IMF 이후 수없이 늘어난 노숙자나 소시민들에게 희망을 주기 위해 쓴 작품이 아닌가 싶다. 오랜 기간 동안 어둠 속에서 갖은 양념을 뒤집어쓰고 숙성되는 쓰라린 과정을 거쳐야 맛깔스런 김치가 되듯이, 인간도 숱한 고통과 시련을 참고 견디어 낼 때 향기로운 시절이 오리라는 희망을 주기 위해 쓴 작품으로도 여겨진다. 다음 작품을 읽어보면 더욱 그런 느낌이 든다.

> 오늘처럼 주룩주룩 비가 내리는 날은
> 우리 함께 우산을 써요
> 빗물이 떨어지듯
> 우리 사이 땟물을 씻어내고
> 비바람 속에서도 우리만의 따스한
> 보금자릴 만들어요
> 그대가 손잡일 잡고 이끄는 대로
> 기꺼이 따라 가겠어요.
> …(中略)…
> 요즘 같은 어려운 날
> 둘이 함께 랄랄랄 함께 우산을 써봐요.
>
> -「비 내리는 날의 연가」 일부

이 작품도 앞의 작품처럼 이 시대의 어려운 상황을 상징적인 방법으로 그려내고 있다. 주룩주룩 내리는 비가 역경을 나타냄을 쉽게 알 수 있지 않는가. 땟물 같은 오해도 씻어버리고 가장(家長)인 당신 〈그대〉이 〈이끄는 대로 기꺼이 따라〉갈 것이니 두 손 꼬옥 잡고 헤쳐 나가자고 힘주어 말하고 있다. 요즘은 가장(家長)이 직장을 잃으면 기다렸다는 듯이 IMF 이혼이 부쩍 늘었다지만 옛날에는 가정의 상황이 어려워질수록 부부를 중심으로 한 가족들의 단결은 더욱 견고해졌다고 하였다. 시대가 어렵고 상황이 어려워졌다 하더라도 옛날처럼 따뜻한 보금자리를 유지하며 가족들끼리 뭉치기를 바라면서 노숙자들도 하루 빨리 가정으로 돌아가 옛날의 화목했던 생활을 영위하기를 바라면서 이 시를 쓰지 않았나 싶다.

재래 시장을 지나다가
빙그레 웃고 있는 돼지 머리를 본다
어느 법당의 부처님 얼굴 같은
무엇이 저토록 당당히
죽음 앞에 초연하였을까
…중략(中略)…
〈살고 죽는다는 게 별거 아니더라〉
돼지의 웃음이 지워지지 않는 오후.

-「야릇한 돼지의 미소 · 1」 일부

이 시집의 표제 시이며 연작시인 「야릇한 돼지의 미소」 가운데 첫 번 째 작품이다. 든든하고 새로운 이미지의 바탕 위에 새로운 유추의 발견으로 얻어지는 창조적인 은유로써 형상화해 낼 때 시는 참신하다 할 것이다. 그렇게 하자면 우리들이 통상적으로 가지고 있는 고정관념의 틀을 과감히 깨고 예리한 직관과 일상을 뛰어 넘는 풍부한 상상력을 지녀야 하는데 이 작품은 그런 면에서 성공한 작품이다. 생사(生死)를 초월하는 시적 공간을 넘나드는 시적(詩的) 경계가 무한하며 더구나 〈살고 죽는 게 별거 아니더라〉처럼 해탈의 경지까지 도달시킨 재미있는 작품이다.

…전략(前略)…
눈물을 삼키며 그래도
마지막 웃음은 잊질 말아야지
처음부터 내 것이란 아예
아무 것도 없었으니
있는 것 모두 다
깡그리 되돌려 주고 가야지

-「야릇한 돼지의 미소 · 11」 일부

루이스는 시적 이미지를 "문맥 속에 인간의 정서를 바탕으로 깐 어느 정도의 은유적인 언어를 사용한 다소의 감각적인 회화"라고 정의하고 있다. 예나 지금이나 인간의 정서를 표출해 내는 것이 시라고 할 때 현대시는 그 표현 방법이 직접적이 아니고 은유와 상징적 방법으로 형성된 이미지를 통하여 간접적으로 나타내는 것을 특징으로 삼고 있다.

이 작품 또한 앞의 작품과 주제 면에서 궤를 같이 하고 있다. 공수래(空手來) 공수거(空手去)의 인간 삶을 돼지에 이입(移入)시켜 헛된 욕심을 버리고 살아갈 것을 직설적인 방법을 버리고 은유적으로 주장하고 있다.

…전략(前略)…
너희가 이런 곳에 와보기나 하였느냐
책상머리에 편안히 앉아서
입만 나풀거려 국방의 의무가 어쩌구 저쩌구 지껄여대는
병역비리 역겨운 냄새를 성난 파도로 씻어내며

들끓는 파도로 바위를 후려치고 싶은 마음 꾹꾹 눌러
하루에도 수없이
바다와 바람과 짓눌러오는 외로움의 자신과 싸우며
지금은 오직 국토방위에 여념이 없는
…후략(後略)…

-「해안초소」 일부

서남해 최남단에 위치하고 있는 가거도 전투경찰 초소에서 국방의 의무를 다하고 있는 젊은 병사들의 애환을 그려내고 있다. 신성한 국토방위의 의무를 성실하게 수행하면서도 같은 대한(大韓)의 아들로서 부모 잘 만난 덕택(?)에 군대도 오지 않는 병역 비리가 신문에 날 때마다, 나는 못나서 군대에 입대하여 이 고생을 하는가 하는 자조적 울분이 솟아날 것은 자명한 일이다. 이 조그만 섬을 후려치고 싶은 마음은 파도가 아니라, 이 땅의 못난(?) 부모들이나 성실하게 국방 의무를 수행하고 있는 젊은 병사들의 울분이라는 표현은 환치(換置)와 투사(投射)의 수법으로 가슴이 후련하도록 참 통쾌하고 재미있다.

주제를 감싸줄 가장 적절한 비유의 옷을 잘 입혀 놓은 시는 독자들의 상상력을 한껏 부풀릴 수 있다. 마음속에서 비유의 옷을 한 겹 한 겹 벗겨보는 즐거움이 시를 감상하는 사람들의 소박하면서도 큰 바람이다. 주제가 완연히 노출되어 있거나 사실 기록에 가까운 직설적인 표현이 많은 시는 사유(思惟)의 공간(空間)을 없애버린 것이므로 앙상한 겨울나무 같이 삭막하게 느껴진다. 우리가 시인이기를 포기하는 날까지 이 점은 새겨 두어야 할 말이다. 시인의 가슴 속에 살아 움직이는 어떤 훌륭한 이미지라도 일단은 우리 주위의 사물을 통하여 형상화 된다. 우리 주위에는 수많은 사물들이 산재(散在)되어 있다. 사람마다 그 사물을 보는 시각이 다르고 그 사물로 인한 연상이 사뭇 다르다. 표출하고자 하는 이미지를 과연 어떤 소재를 통하여 형상화해야 하는가 하는 것은 시인의 즐거운 고민 중의 하나가 될 것이다.

박종국 시인의 시는 일상생활 속에서 소재를 잡아 썼으되 사물의 피상적인 면만 그려내는 것에 만족하지 않고 우리 인간 세상일과 교묘히 접목시켜 때로는 미소 짓다가 때로는 포효(咆哮)하며 세태를 풍자하고 있다. 박시인의 시안(詩眼)은 누구보다 밝아 남이 못 보는 것까지, 실제 보이지 않는 것까지 보고 있으며, 나아가 보이지 않고 들리지 않는 자연의 섭리에까지 선을 대고 있어 그가 추구하는 시의 공간이 무한정 넓다는 데에 찬사와 신뢰를 보낸다. 그의 문조(文藻)가 날로 빛을 발휘하여 시단(詩壇)에 큰 별로 솟을 것임을 믿어 의심치 않으며 이 글을 멈춘다.

# 청정하고 곡진한 시정(詩情)으로 세상 돌아보기

## 문희봉 시집 『천리향』

### 1. 들어가는 말

휠라이트(P. Wheelwright)에 의하면 '언어는 원형 중의 하나요, 인간의 본질적 특징도 인간이 화자(話者)인 동시에 청자(聽者)라는 사실에 있다'고 하였다. 다시 말하면 인간의 언어생활에는 화자(話者)가 있고 제재(題材)가 있고 그리고 반드시 청자(聽者)가 있다. 심지어 독백의 경우에도 청자라는 의미가 잠재되어 있는 것이다. 독백(獨白)의 경우에는 자기 자신이 청자로서의 위치를 확보하고 있음을 전제로 하기 때문이다. 이런 점에서 시 또한 극(劇)에 있어서의 대화를 전제로 한다고 볼 때 극적인 요소에 자연스럽게 접근된다. 우리가 시에 접근하고 시를 분석하는 길은 보는 이의 관점에 따라 다양해질 수밖에 없다. 우리가 시를 감상할 때 묘미를 느끼는 이유가 바로 이러한 시어(詩語) 해석의 다양성에 있는 것이다. 시를 담화(談話)의 형식으로 이해한다면 필연적으로 화자(詩人)와 이 화자의 목소리인 어조(語調)가 탐구의 대상이 된다.

리차즈(I.A. Richards)는 어조(語調)를 '의미와 감정, 의도와 더불어 시의 총체적 의미를 형성하는 시적 의미의 하나'라고 하였다. 우리는 이것을 시어(詩語)라고 지칭하는 바, 독특한 의미를 가진 그 어떤 것이어야 한다는 데에 의견을 달리할 수가 없다.

시를 쓴다는 것은 시인이 얻은 감동을 자기 언어로 표출해내는 것이기에 주관적일 수밖에 없다. 그러나 거기에 얼마간의 객관성이 자리하지 못할 때 그 시는 독자들로부터 공감대를 얻을 수가 없다. 또한 시인이야 어떤 생각과 감동을 바탕으로 썼든 간에 읽는 독자가 시의 이면(裏面)에서 마음대로 상상하고 비판하고 공감하거나 작자의 입장이 되어 보는 데에 시 감상의 묘미가 있다고 볼 때 그 상상과 공감의 폭이 넓고 깊은 시일수록 좋은 시가 되는 것은 자명한 일이다.

문희봉 시인은 『한맥문학』에서 시를, 『월간 에세이』에서 수필을 추천받아 등단한 저력 있는 시인으로 2003년도에 첫 시집 『지천명의 노래』를 상재하며 시단(詩壇)에 큰 반향을 불러일으킨 바 있는 훌륭한 시인이다.

문희봉 시인은 시뿐만 아니라 수필 문단에서도 튼튼한 자기 세계를 구축하고 있으며, 현재도 대전 · 충남 수필문학회의 회장을 맡고 있는 분으로 운문과 산문에서 고루 큰 축을 형성하고 있다.

이번에 출간하는 제2시집 『천리향』은 문시인의 정감어린 문장 구성력과 중후한 인품에서 우러나오는 삶의 향기가 씨줄과 날줄이 되어 한 폭 비단과 같은 아름다운 시를 통하여 독자들로 하여금 맑고 밝은 심상을 들여다보며 고단한 심신을 잠시 쉬게 하는 매력을 한껏 발휘하고 있다.

## 2. 비범한 솜씨로 가족사랑 표현하기

무릇 시라는 것은 작품 속에 다져 넣은 정제된 언어의 그림으로 간결미가 돋보여야 한다. 그러면서도 은근히 풍겨 나오는 삶의 향내를 맡을 수 있는 그런 시가 독자들을 시 속으로 끌어들일 수 있고 우리 생활의 한 부분을 차지할 수 있다 하겠다. 시는 시인만을 위한 한정되고 닫혀진 세계가 아니라 일반 독자들과 함께 호흡하며 느낄 수 있는 시라야 한다. 그런 관점에서 본다면 문 시인의 시 세계는 가슴 속 깊이 쌓인 많은 시정(詩情)을 시라는 영혼의 집을 빌어 독자들로 하여금 공감하게 하는 매력이 있다.

천리향 한 그루 내 집에 와서
슈바이처 정신으로 살고 있다.

영산홍 화사하게
철쭉 고상하게
치자도 고유 향을

그래도 천리향만 할까

우리 집은 갑자기
고급 향수 가게가 되었다.

-「천리향」:당신(12) 전문

이 시는 시집의 표제 작품인 「천리향」이다. 시집의 표제로 정할 정도로 시인 스스로 애정을 가지고 있는 작품이라는 데에 독자들은 눈여겨보게 될 것이다. 화사한 영산홍과 고상한 철쭉과 향내 짙은 치자 꽃이 만발하여 나름대로의 향기를 발산하고 있지만 오래 전에 내 뜨락에 와서 슈바이처와 같은 희생과 봉사를 감내하며 내조를 하고 있는 아내에 대한 뜨거운 감사가 물씬 풍겨난다. 여기에서 사물로서의 천리향 화초를 아내로 환치시켜 극적인 효과를 유감없이 얻어내고 있는 가작(佳作)이다. 진한 아내의 향기로 인하여 우리 집은 꽃가게가 아닌 향수 가게가 되었다고 표현한 솜씨가 독자들로부터 웅변 이상의 설득력을 얻고 있다. 아내에게 사랑한다고 직설적으로 고백하지 않고 시를 통하여 은근하게 아내 사랑을 표현하는 방법은 무릇 시인들만이 할 수 있는 애틋하고 곡진한 아내 사랑 표현법이다.

방금 수화기 놓고도
또 듣고 싶은 음성
그리움은
산수유 열매되어 화폭에 담깁니다.

사랑의 거리
얼마나 되는가
시간이 흐를수록 당신은
내 가슴에 자리한 영원한 소녀입니다.

같이 하는 날의
그 야속한 시계 바늘
떨어져 있는 날의
무정한 시계 바늘과

바꾸어 놓을 수 없는 건가요.
사랑으로 꽃피운
우리
둘만의 시계
영원한 믿음으로
찰칵 차알칵
차알칵 찰칵
잘 맞는 장단입니다.

-「시계」:당신(2) 전문

이 작품을 읽으며 평자(評者)는 조선시대의 유명한 여류시인 황진이의 '동짓달 기나긴 밤을 한 허리를 버혀내어/ 춘풍 이불 아래 서리서리 넣었다가/ 어른님 오신 날 밤이어든 굽이굽이 펴리라'라는 시조를 연상하였다. 〈방금 수화기를 놓고도 또 듣고 싶은 아내의 음성〉에서 얼마나 애틋한 아내의 사랑이 묻어나는가. 세월이 지날수록 아내의 존재가 영원한 소녀로서 크게 느껴지는 시인의 감정 표출에서 아내 사랑에 대한 언급에 어떤 군말이 필요하겠는가. 〈같이 하는 날〉에는 그렇게 빨리 가는 시간을 〈떨어져 있는 날의 무정한 시계 바늘과 바꾸어 놓을 수는 없는〉 것인지 안타깝다. 혼자 있을 때의 적적하고 무의미한 시간들을 뚝 떼어내어 아내와 함께 하는 시간에 붙이고 싶다는 표현에서 시간을 공간으로 바꾸었다가, 함께 하는 시간에는 다시 연결하여 쓰겠다는 표현은 시의 공간성을 한껏 나타낸 아름다운 표현이다. 다시 말하면 시간과 공간을 마음대로 넘나드는 솜씨가 범상치 않으며 시를 이리 굴리고 저리 굴리는 비범한 솜씨를 지니고 있음을 간파할 수 있다.

똘망똘망한 눈을 갖고
우뚝 솟은 코를 대동하고
복스런 모양의 입을 하고
..................
너는 내 곁으로 왔다.
..................
그러나
너는
알아야한다
단비와 풍성함보다는
뜨거움을 지나 살갗을 태우는 태양
손과 발을 쩍쩍 갈라지게 하는 추위를
이겨내야 한다는 것을

거기다
너를 괴롭히는
경적과
무질서와
나태와
절망을
이겨내는 슬기를 배워야 한다.
..................

-「편지」:외손자(2) 일부

2부에서는 눈에 넣어도 아프지 않을 외손자에 대하여 외할아버지의 사랑을 곡진하게 언급하였다. 첫째 둘째 연에서는 갓 태어나 시인의 곁으로 온 외손자의 귀엽고 사랑하는 모습을 묘사하였다. 똘망똘망한 눈, 우뚝 솟은 코, 복스런 입, 짙고 검은 머리카락 등 어느 것 하나 미운 곳이 없는 신비스러운 손자의 모습이 시인의 눈에는 마냥 귀엽기만 하다.

그러나 인생의 오랜 노정(路程)을 살아온 시인의 마음에는 인생살이에 있어 인간들에게 닥쳐야 할 역경과 시련들이 엄청나다는 사실이 염려스럽지 않을 수 없다. 작열하는 태양빛, 살을 쩍쩍 갈라지게 하는 모진 추위 등을 이겨내야 한다고 미리 알려주며 굳건함을 빌고 있다. 어렵고 힘든 것은 자연 현상보다도 경적, 무질서, 나태, 절망 등 인위적인 요소도 만만치 않음을 염려하고 있다. 나태와 절망은 당사자의 자세에 국한하는 것이고 경적과 무질서 등은 나 이외의 다른 요인들로 인함도 또한 지적하고 있어 외할아버지의 자상함이 피부에 닿도록 절절하다. 그러나 아무리 역경과 고달픈 일이 있더라도 이겨낼 수 있는 슬기를 지니라고 기도하면서 상승적 이미지로 마감하고 있다.

………………

한 돌을 맞이한
오늘 너는
우리 모두에게
삶의 의지를 북돋웠구나

네 엄만
내 가슴에 뜬 별이었고
네 외삼촌은
내 가슴에 자라는

태양이었다.

별님의 이슬을 받아먹으며
자란 일 년
너의 일거수일투족은
매일매일 싱싱한 그림을 그려내는
푸른 잣나무요, 소나무였다.
………………

-「한 돌 생일에 부쳐」:외손자(5) 일부

그러나 앞에서 든 작품처럼 태어났을 때 굳건하기를 바라며 염려했던 일들은 한낱 기우였음을 다행스럽게 여기고 있다. 태어났을 때의 모습이 엊그제 같은데 그동안 무럭무럭 자라 첫돌을 맞이한 외손자의 모습이 대견스럽기만 하다. 아이들 자라는 모습을 보며 산모는 출산의 고통을 잊어버린다고 하는 것처럼 아이는 보란 듯이 엎어지고, 기어 다니다가, 뒤뚱뒤뚱한 모습이지만 걸어 다니는 당당한 모습을 보이며 세상살이에 자신감 있는 당찬 모습을 보이고 있다.

이런 정경을 서술하면서 시인은 오래전 딸과 아들이 자라던 모습을 외손자의 모습과 클로즈업시킨다. 이삼십 년을 훌쩍 뛰어넘어 시적(詩的) 공간을 과거로 돌이켜 보는 것이다. 자녀가 태어나던 숭고하고 신기했던 기억들을 어찌 잊을 수가 있겠는가. 그러다가 다시 현재로 돌아와 외손자가 보이는 일거수일투족이 바로 푸른 잣나무의 모습이요, 소나무의 기상을 닮아 참으로 다행스럽다는 데에 시의 포커스를 맞추고 있어 시에서의 공간을 현재에서 과거로, 과거에서 현재로 자유롭게 넘나드는 시인의 상상의 폭이 넓고 자연스럽고 무궁무진하다.

포항에서부터
다섯 시간 잡아먹으며
올라 왔다는 여인

얼룩무늬 제복의 아들을 보는 순간
여인의 눈에 가느다란 물결이 인다.
아들의 눈에 가느다란 물결이 인다.
..................
딴 나라에서
살림 차리고 계신
어머니께
메아리 없는 편지를 써야한다.
오늘은

-「어머니」:사랑(2) 일부

문 시인의 작품을 읽으며 가족에 대한 핏줄의 끈끈함이 진하게 배어 나옴을 느낀다. 위에 든 작품은 텔레비전 방송국에서 방영하는 〈청춘, 신고합니다.〉라는 프로그램을 보며 쓴 작품인 듯하다. 아들을 보고 싶은 마음에 천릿길도 마다하지 않고 달려온 한 어머니의 모습에서 우리는 핏줄의 숭고한 장면을 만난다. 어머니의 눈에서도 아들의 눈에서도 스스럼없이 솟아나오는 눈물을 보며 보는 이들의 가슴에서도 가느다란 물결이 일고 있음을 시인은 놓치지 않는다.

그러나 한편 이러한 광경을 보면서 시인은 낳아 주시고 길러 주신 어머니를 잊을 수가 없다. 먼 나라에서 영생의 터전을 마련하시고는 한 번도 찾아와 주시지 않는 어머니께 메아리 없는 편지라도 써야겠다는 시인의 효성은 가히 감동을 주기에 흡족하다.

### 3. 교육자로서의 포근한 정 살피기

시가 시다워야 하려면 표현 기법이나 시어(詩語)의 선택, 그 짜임의 창의성 등이 손꼽히겠지만 무엇보다도 가장 중요한 것은 진솔한 시 정신이 시 창작의 바탕에 뿌리를 두어야 한다. 진솔한 시 정신은 곧 인간과 사물을 진정 사랑하는 마음에 바탕을 두어야 한다. 이것 즉, 진솔성이 결여된 작품은 한낱 언어의 유희(遊戲)에 지나지 않는다는 말과 직결될 뿐이다. 평소 바위 같은 몸짓으로 모든 이들에게 푸근함을 안겨 주며 인생을 둥글게 살아온 문 시인의 시는 한 마디로 번쩍이는 장식이나 유행을 멀리한 견고하고 튼튼한 심층 의식에 바탕을 둔 건축물이라는 생각을 갖게 한다.

문 시인은 현재 중학교 교장선생님으로 계시는 분이다. 문시인의 작품은 시인의 터질듯 한 가슴을 풀어내는 감성의 폭발물로써 자신을 구원하는 한 수단이기도 하지만 나아가 공감할 수 있는 타인들에게 그들의 가슴마저도 후련하고도 시원하게 씻어내려 주는 대중성(大衆性)을 가지고 있다.

추적추적 비는 내리고
보도를 걷는 군상들
잰걸음이다.

인도 위
왕따를 당했는지
뜻도 펴지 못한 채
구겨져 있는 광고지 한 장

가을비가
차가운지 몸을 오그린다.

그 속 환한 얼굴의
어여쁜 모델
나를 향해 윙크를 한다.

-「생」 전문

이 작품은 길을 걷다가 젖은 채로 길바닥에 나뒹구는 한 장의 광고지에서 시상을 얻어 작품으로 형상화시킨 듯한데 감정 표출을 극도로 억제시킨 작품이다. 좀 심하게 말한다면 바삭거리는 소리가 들려올 정도로 감정 이입을 자제하고 있어 읽는 이를 바짝 긴장시키며 더욱 애잔한 정경을 그리고 있다. 세상을 풍미하는 모델이겠지만 당사자가 길거리에 뒹굴고 있는 자신의 사진을 바라본다면 어떤 심정일까. 너무도 외로운 광고지 속의 모델이 지나가는 시인에게 윙크를 해 보지만 시인은 어떤 반응을 보였는지 전혀 언급이 없다. 그것은 독자들의 상상력에 의존시키기 위한 시인의 배려이기 때문이다.

질책의 제곱은
좌절

의욕상실의 제곱은
패배

학대의 제곱은
절망

관심의 제곱은
사랑

애착의 제곱은
자비

칭찬의 제곱은
성공

-「제곱」:교육(5) 전문

이 시를 읽으며 평자(評者)는 〈시(詩) 삼백(三百)이 일언이(一言而) 폐지(蔽之) 왈(曰) 사무사(思無邪)〉라고 한 공자의 말씀을 떠올렸다.

일선에서 직접 교육을 담당하고 있는 선생님들에게 이보다 더한 교장 훈화가 있을 수 있는가를 짐작하게 하는 작품이다. 질책하지 마라, 의욕을 심어 주어라, 학대하지 마라, 관심을 가져라, 칭찬 하여라 등 백 마디 훈화보다는 이 시 한 편이면 교장으로서, 선배 교육자로서 당부하고 싶은 말은 다한 것이다. 응축과 간결미의 효과를 최대한 얻은 작품이다.

초등학교 미술 시간
선생님은 이 세상에서
가장 따뜻하다고 생각되는 것을 도화지에 그리라고 했다.
………………
그런데 한 아이는
누군가의 손을 그렸다.
선생님의 손을 그렸다.

만날 때마다 잡아주고
어깨를 다독여 주고
사랑을 베풀어주던
선생님의 손을 그렸다.

-「따뜻한 손」:교육(10) 일부

이 삭막한 시대를 살면서 아이들이 선생님으로부터 느끼고 싶은 것은 사랑의 손길이다. 만날 때마다 잡아주고, 어깨를 다독여주고, 사랑을 베풀어 주던 가없는 사랑을 느낄 수 있는 어린이도 행복하지만 이런 선생님들이 있기에 우리의 교육은 아직은 가장 깨끗하고 숭고한 직업군으로 남아 있다고 볼 때 이 사회와 국가도 살만한 곳으로 존재하고 있음은 참으로 다행스럽다.

## 4. 나가는 말

루이스(C.D. Lewis)는 시적 이미지를 '문맥 속에 인간의 정서를 바탕으로 깐 어느 정도의 은유적인 언어를 사용한 다소의 감각적인 회화'라고 하였다.

시는 처음부터 끝까지 압축과 함축, 비약과 은유와 상징으로 이어지는 사유의 징검다리이다. 그러나 그것이 지나쳐 시인만이 알 수 있도록 몇 겹의 껍질을 씌워 앞과 뒤를 다 자르고 깜깜한 밤 불쑥 내미는 홍두깨식의 압축을 현대시라는 미명 아래 난해 시로 통하는 세상이다. 이런 점에서 문 시인의 시는 우선 편하게 읽히면서도 곡진한 서정이 묻어난다는 장점이 있다. 이것은 독자보다 시인이 많다는 현실의 아이러니 속에서 독자와의 거리를 좁히기 위한 시인의 배려일 것이다.

문 시인의 사물을 바라보는 눈빛은 사랑의 눈빛이다. 그의 눈빛이 닿는 곳에는 무지개 빛이 서리고 훈훈한 향기가 돌고 참다운 인간미를 느끼게 한다. 문 시인은 든든하고 친근감 있는 이미지의 바탕 위에 새로운 유추의 발견으로 얻어지는 창조적 은유로써 시어와 사물과 관념 사이의 거리를 적절하게 조절하며, 참 인생의 깊은 맛을 가을 뜨락의 모과 향내처럼 심상 깊숙이 간직하게 하는 솜씨 좋은 장인(匠人)으로서 손색이 없다.

문 시인의 두 번째 시집 『천리향』이 한국 시단(詩壇)에 한 빛을 더하고 한국 문단에 큰 획을 그을 것을 믿어 의심치 않으면서 축하의 박수를 보낸다.

# 감성에서 뽑아 올린 소멸과 생성의 미학

## 문희봉 시집 『당신을 닮았습니다』

Ⅰ.

문희봉(文熙鳳) 시인의 다섯 번째 시집 해설을 부탁 받고 여러 번 사양하던 끝에 승낙을 하고 말았다. 간곡한 청을 도저히 뿌리칠 수가 없었던 것이다. 굳이 사양했던 이유 중의 하나는 시는 읽는 이에 따라 그 해석이 분분할 수 있는 것이거늘 평자(評者)의 주관적이고도 자의적인 해설이 꼭 필요한 것인가 하는 의구심이 작용했기 때문이다.

문 시인은 삶에서나 작품에서나 흐트러짐이 없이 조용한 성격에 차가운 듯하면서도, 속 깊이에는 언 땅을 녹이고 만물을 소생시키는 지심(地心)과 같은 온기(溫氣)를 머금었으되 서두르지 않는 성품의 소유자다.

'시는 곧 인간이다.' 이 말은 우리가 흔히 들어온 말이지만 이 시집의 작품들 역시 그의 인생을 반영한 것으로서 개인적인 사상과 감정은 물론, 세상을 살아가는 그의 생활 태도까지 넉넉하게 짐작할 수 있게 하고 있다. 그래서인지 문 시인의 시세계에서는 황막(荒漠)하거나 답답하고 어두운 구석은 그리 눈에 뜨이지 않는다. 언뜻 눈에

드는 것은 밝음 지향의 세계, 청량한 것, 따뜻하되 서늘함의 조화로움 등, 세상 그대로의 아름다움이 보일 뿐 우울한 세상은 자리할 틈이 없어 보인다.

그는 생활 주변에 지천으로 널려 있는 쉽게 얻을 수 있는 듯한 소재라 할지라도 이를 감성으로 다듬고 투철하면서도 신명나는 작가 의식으로 갈무려서 보석처럼 영롱한 수작(秀作)으로 뽑아 올리고 있다.

Ⅱ.

문 시인의 작품에서 눈길이 머무는 대로 그 세계를 탐색하는 것도 의미 있으리라 생각하며 함께 여행해 보자. 공감할 수 있었으면 좋겠다.

한겨울 추위
돌이 되어 살아도
가슴 속엔 따스한 난로 하나
그래서 행복하시다

-「망부석」 全文

시집의 첫 페이지를 차지한 짧은 시이다. 시의 길이가 길고 짧음이 의미가 있는 것은 아니다. 세상살이가 뜻대로 되지 않는 요즘 세상이다. 나의 잘 잘못 때문에 가슴이 답답해도 짜증나는 일인데 세상 돌아가는 꼬락서니가 우리를 엄청나게 짜증나게 한다. 이런 정황을 〈한겨울 추위〉로 환치하여 망부석의 몸조차 굳어 가는 상황으로 그려내고 있다. 그래도 미소짓는 얼굴로 행복한 듯 보이는 망부석에서 조금의 위안을 찾아야 한다고 은근히 주장하고 있는 작품이다.

거실 안 바구니 안 모과를 봅니다.
자기만의 향 피우며
한겨울 이겨내는가 싶더니
어느새 안면 한쪽이 함몰되고 있습니다.

세월의 무상함을 느낍니다
허무하게 흘러가는 세월에 앙탈을 부려봅니다.

어머니
어제는 당신의 묘소 앞에 엎드려
지나간 세월의 잘못을 빌었습니다.
불면 날아갈까
쥐면 깨질까 조심스러웠던 세월 앞에
고개를 숙였습니다.

…후략…

-「당신을 닮았습니다.」 一部

가을쯤이면 거실 중요한 자리를 떠억 차지하고 있던 모과를 생각나게 하는 작품이다. 그런데 시인은 샛노랗고 향기 진한 모과를 떠올리며 풍요한 가을을 떠올리는 것이 아니다. 세월의 더께를 이기지 못하고 저승꽃처럼 번지는 모과의 상처를 보며 비로소 〈불면 날아갈까/ 쥐면 깨질까 조심스러〉워 하시며 시인을 애지중지 기르시던 어머니를 떠올린다. 어머니 노년의 모습을 닮아가는 모과를 보며 가슴 아프지만 이제 무슨 소용이 있으랴. 이제 어머니 돌아가셨을 때의 나이가 된 시인은 〈당신의 묘소 앞에 엎드려/ 지나간 세월의 잘못을〉 회억(回憶)하는 수밖에…. 시에서 흔히 접할 수 있는 의도적이고 비판적인 지성의 작용 내지 그러한 감성을 노래하기보다 인간과 자연에 바탕을 둔 시의 진실은 언제나 변하지 않는다는 것을 인식하게 하는 그만의 개성 있는 심상 표현으로 보아도 무방할 것이다.

'빛'은 좋은 말
'빗'은 괜찮은 말
'빚'은 나쁜 말
쉰한 살 중년 나이에 젊은 아낙 두고
아이들 두고 '빚'이란 선물
교육시켜야 할 돈
배필 맞이할 돈
주머니에 찬바람만 가득하다
빛이 좋은 날 빗을 팔기 위해
가판대에 앉은 아낙
필요하지도 않은 남자
어리빗도 사고 참빗도 산다
인상 좋은 아낙 모습 보며
저만치 갔다가 돌아 와서
한 개 더 사주는 배려
'빚'이 싫어 '빗' 장사는 하지만

언제쯤 자기 인생에 '빛'이 들까
어림해보는 그 순간이 행복하다

-「어떤 여자」 全文

'빛', '빗', '빚'이 만들어내는 동음이의어(同音異議語)를 가지고 어렵게 살아가고 있는 듯한 쉰 한 살 중년 아낙의 핍박한 삶의 모습을 그려내고 있다. 요즘 세상에 색깔 고운 플라스틱 빗들이 얼마나 많은데 전통의 어리빗과 참빗들을 팔고 있는가. 아마도 그 수입은 극히 얼마 안 되리라고 짐작할 수 있다. 그래도 〈인상 좋은 아낙 모습 보며〉 빗이 〈필요하지도 않은 남자〉가 저만치 가다가 가던 길을 돌아와 〈어리빗도 사고 참빗도 사〉주는 남자가 있어 훈훈한 정경을 떠올리게 한다. 혹시 작품 속의 남자가 문 시인은 아닌지 그의 후덕한 인정을 넘겨짚어 본다.

냉동실 안에 내 친구가 반듯이 누워 있다
고독과 추위와 사투 중이다
아득하게 찬란했던 70년 세월이
모두 얼었다.
혼자 누워 있고 아내와 가족들은 오열하고 있다

…중략…

일그러진 얼굴 살살 긁으며 애써 태연한 척 요술을 부린다
이승의 끈을 놓으라고 하는 장의사의 말에 순종하려는 듯
앙탈 한 번 부리지 않고 굴리면 굴리는 대로
손을 그러쥐면 그러쥐는 대로 마치 초등학교 입학생 같다

손발이 묶여도, 가슴이 묶여도 말 없이 따르는
그의 표정이 어둡지 않아 다행이다

…후략…

-「냉동실」一部

이 작품은 아마도 초등학교 동창쯤 되는 친한 친구의 입관식을 지켜보며 지은 것인가 보다. 입관식은 대개 가족들만 참여하는 것이 보통인데 얼마나 친한 친구이면 이승의 마지막 자리를 함께 하며 친구의 마지막 모습을 지켜보고 있는가. 〈손발이 묶여도, 가슴이 묶여도 말없이 따르는/ 그의 표정이 어둡지〉 않다고 했으니 아마도 행복한 삶을 살다가 마감한 친구인가 보다. 우리는 흔히 '죽은 사람이 불쌍하지 산 사람은 다 살어!'라고 말들을 한다. 그러나 죽은 사람은 말이 없다. 남은 사람들의 아픔쯤은 알 까닭이 없다. 오로지 아픔은 살아남아 있는 가족과 친지들의 몫이다. 그런데 여기에 인용은 하지 않았지만 〈우루루 몰려나오는 살붙이와 친구들〉 〈가슴에서 흘러내리는 비가 목젖을 뭉클하게 적신다.〉에서 보듯이 이별의 의식은 다 한 것이지만 시인은 가슴에 흘러내리는 빗물 같은 슬픔을 확인하며 재차 아픔을 되새긴다. 참으로 비장한 인간미가 넘치는 정경이 아닐 수 없다.

산으로 올라가는 곳에 좋은 목을 잡고 그 남자는 오늘도 전
廛을 편다

…중략…

그 남자의 가방 속에 든 것들은 하나도 버릴 것이 없다
이름도 지어주고, 고쳐주고, 취직운, 사업운도 봐주고...
복채는 상관 않기로 했다
연필 가진 사람 글 쓰게 하고
총 가진 사람 철조망 지키게 하고
언변 좋은 사람 강단에 서게 한다
그 남자의 가방 속에 든 것들은 오늘도 웃음을 쏟아낸다
속이 시커멓게 탔거나 멍이 든 사람의 가슴앓이도 고쳐준다
팔십이 넘었는데도 지팡이가 필요 없다
안면 양쪽에 새겨진 볼우물이 인상적이다

-「그 남자의 가방」 一部

도시 근교의 관광지를 오르다 보면 가끔은 볼 수 있는 관상, 사주, 작명 등 여러 가지 운명을 점쳐 주는 역술가를 가만히 지켜보며 쓴 작품인 듯싶다. 〈복채는 상관 않기로〉 작정하고 그저 운명이 점쳐지는 대로 좋은 말을 해 주는 팔십이 넘은 역술가의 〈안면 안쪽에 새겨진 볼우물이 인상적〉인 모습에서 인생살이를 달관한 듯한 선인(仙人)의 모습을 떠올리게 하는 재미있는 작품이다. 그런데 어쩌랴! 어떤 역술가들은 복채에 따라서 운명이 달라진다고들 하던데….

몹쓸 병으로 아들 잃고
며느리까지 가방 챙기던 날
억척이로 소문 난 민들레 뿌리 같다던 여자
나이는 먹고 싶어 먹었나, 흐린 날에는 무릎에서 무종이 울
린다
태풍에도 끄떡없이 반듯이 서던 여자

비바람에 조금씩 허물기 시작한 흙집
바르고 나면 그때뿐 다시 떨어져나가는 흙벽
새끼줄로 지붕 얽어매고 떨어져나갈 때마다
고목 같은 손 놀려 다시 발랐다
부서지고 망가진 곳마다
덧칠, 덧칠, 또 덧칠
구멍 숭숭 뚫린 벽은
진흙 바르기로는 이젠 안 통했다
손수레에 황토흙 실어와 다시 바르는 수고
기둥과 문틀 틈에 난 구멍은 좀처럼 메워지지 않는다
허리 펴자마자 삐걱 하는 경고음
숭숭 뚫린 구멍은 누가 메울 것인가
어린 손주들 하늘 보고 우는데
빗속으로 사라진 며느리가 그리워
그 여자, 찰기 없는 흙으로 지은 집이었다

-「흙집」 全文

요즘 시골이나 산골에 가면 할아버지 세대와 손주 세대가 함께 사는 조손(祖孫) 가정이 많다고 한다. 젊은 자식들은 저희들 살기도 빠듯하니 우선 힘펼 때까지만 손주들을 길러 달라고 부탁을 하니 부모된 입장에서 어쩌랴! 자기 몸 건사하기도 버거운 늙은 나이에 손주들까지 덤으로 떠안고 살아가는 노년의 삶이 매우 애틋하다. 〈몹쓸 병으로〉 부모보다 앞서 가버린 자식을 원망해 무엇하랴. 며느리라도 자식들 건사하며 살아 주기를 간곡히 바랐는데, 가방 챙겨 제 살 길 찾아 떠나간 며느리를 원망도 못하고 숙명처럼 내 죄이거니 하며 살아가고 있는 시골 노인들의 모습이다. 〈구멍 숭숭 뚫린 벽은/ 진흙 바르기로는 이젠 안통〉한다. 늙은 삭신 〈허리 펴자마자 삐걱이는 경고음〉을 내며 무너지는 삭신을 누가 추슬러 줄 것인가! 메워도 메워도 끝이 없는 〈숭숭 뚫린 구멍은〉 바로 밑 빠진 항아리에 물붓기보다 더 어려운 경제적 빈곤을 웅변처럼 그리고 있어 더욱 가슴 아프게 하는 도시의 풍요와 비교조차 할 수 없는 아픈 시골의 현실이다.

미인의 눈썹을 닮았다는
고구마같이 잘 구워진
눈 오는 날 구들장 온기 같은
당진의 산, 아미산
그리움 대동하고 찾는 아미
길을 열고, 바람을 주고, 비를 주고
결 고운 메아리가
헛헛하고 쓰린 영혼을 감싸 안는다

고향의 품이 그리운 노스탤지어
불길 같은 증오 내동댕이치며
하루를 천년처럼 사는
저 부드러운 향기여
오랜 세월 보듬어 주겠다는
자양분 제공해 주겠다는
이슬처럼 눈부신 하늘 간직한
친근한 사투리로 반기는 나의 산하여!

-「아미산」 全文

사람은 누구나 한 세상 살아가자면 허구 많은 비와 바람과 눈, 서리를 피할 수 없고 연륜이 쌓일수록 회고적인 사념을 나타내게 된다는 것은 우리가 익히 알고 있는 터이지만, 문 시인의 작품에는 그것이 그리움이거나 슬픔이거나 회고적인 사유가 두드러지게 나타나고 있다. 하지만 그것은 현실에서 잃어버린 어젯날의 향수만은 아닌 것 같다. 또한 문 시인은 상상력에 의해 체험을 변용시키기 보다는 자신의 삶과 역경을 되돌아보며 기억을 재생시켜 시를 빚고 있으며, 거기에는 인고의 세월을 타고 넘던 때의 아픔과 슬픔, 아쉬움과 그리움의 조각들이 문신처럼 수 놓여져 있다. 한갓 미물인 여우도 죽을 때는 머리를 고향 쪽으로 둔다는 말이 있다. 문 시인의 많은 작품에서 회한과 용서가 묻어나는 작품들이 많은 것을 볼 때 아마도 이것은 세상 역경을 고루 바라보며 달관한 듯한 그의 인생 역정과 무관하지 않은 듯싶다. 이제는 세상살이를 내려다 볼 수 있는 안목을 가진 칠십 고개에서 바라보는 순한 감정인가 보다.

이 작품은 시인의 고향인 당진 고을의 정겹던 산의 모습을 떠올리며 나이들어 갈수록 새록새록 묻어나는 고향에 대한 그리움의 표상이다. 시인의 어린 시절 성장하는 데에 큰 영향을 주고 정서적 자양분을 제공해 주었던 〈나의 산하여!〉.

> 코 묻은 밥을 먹어도 좋다
> 콧물보다 더한 것이 묻은들 어떠랴
> 선한 눈망울을 가진 너
> 나를 보고 세상에서 가장 멋진 웃음 보인다
> 천사가 내려온 양
> 내 마음은 화선지가 된다

그림도 그리고
글도 쓰고
하도 귀여워 잠시 안았을 때
네가 나에게 준 선물은
남방에 묻힌 밥알이었다
이튿날 아침 산책을 가기 위해
남방을 입었을 때 꺼끌꺼끌 내 손에 닿는 감촉
그건 밥풀이 아니라
네가 준 사랑이었다
그 사랑 오래 간직하기 위해
금방은 세탁을 보류하기로 했다

-「손녀가 준 선물」 全文

가장 순수하고 부담 없고 바라보는 것만으로도 그저 행복한 내리사랑 손주 사랑. 평자 또한 손주가 없을 때는 '손주가 뭐 그리 예쁘다고 저렇게 호들갑스럽게 난리들인가'하고 의아해 했던 시절이 있었다. 그런데 손주가 생기고 보니 그게 아니었다. 하는 짓마다 어찌 그리 예쁜지 길러 보지 않은 사람은 알 길이 없다. 제 부모가 다투고 말도 하지 않고 집안 분위기가 싸하기라도 하면 할아버지에게 살짝 다가와서는 "하바가 엄마 아빠 불러서 그러지 말라고 해." 하며 걱정하고 안쓰러워하는 센스 있는 아이가 손주다. 감기라도 걸려 풀이 죽은 채로 열이라도 나서 힘들어 하는 모습을 볼라치면 대신 감기를 앓아 주고 싶은 할아버지의 심정을 알까 몰라. 코 묻은 밥이면 어떻고 남방에 밥풀을 묻히는 것이 대수랴! 손주의 사랑이 가슴 뭉클하게 묻어나는 흐뭇한 작품이다.

여름 내내 비탈진 밭을 일궈
푸성귀를 가꿨고
울타리 치며 고라니를 막았다
검게 그을린 목과 손목이 언제쯤
희어질 것인지 기대도 아니하고
서녘하늘의 따가운 햇살이 쇠잔해질 때를 기다리면서
하늘 올려다보는 일만을 생각했다
힘들면 그늘 막에 퍼질러 앉아
'좋은 생각'을 읽으며 밑줄을 치고
그렇게 여름의 꿈을 익혀 갔다
땡볕이라야 더욱 튼실하게 자라는 놈들을 보면서
하루하루 영근 꿈을 바구니에 담았다
하늘도 맑고
내 마음도 맑고
하루해가 뉘엿뉘엿 지는 시각이면
타지로 나간 아들 녀석의 안부 전화
붉은 노을을 타고 달려온 딸아이의 살가운 편지 한 통이
지친 육신을 달래주었다
이렇게 보낸 여름 덕분에
이 가을
주름진 내 이마에 노란 국화꽃이 피었다.

-「가을날의 기쁨」 全文

인생의 가을을 맞이하면서 직장 생활을 하다가 물러나 작은 텃밭을 경영하며 여유 자적하는 사람들의 일상을 그린 작품이다. 어느 날 갑자기 열정을 바쳐 헌신하던 직장에서 물러나고 나면 딱히 이렇다 하게 할 일도, 갑자기 갈 곳도 없고 참 막막한 심정이다. 등산도,

낚시도, 영화 감상도 하루 이틀이지 매일 그렇게 할 수는 없는 일 아닌가! 자그마한 텃밭이라도 일구어 시간 죽이며 생활하는 것이 그렇게 큰 위안이 될 줄 몰랐다. 시덥지 않은 농사인데도 어쩌자고 고라니가 몰래 찾아와 같이 먹고 살잔다. 고라니 막는다고 울타리치고, 새파랗게 돋아나는 잡초와 전쟁을 하고, 그러다 보면 하루해가 저물어간다. 일하다 힘들면 그늘에 앉아 마음의 양식이 되는 책이나 읽으며 시간을 보내다가 하루해가 저물면 집으로 돌아가는 안빈낙도의 생활 장면을 실감나게 그려낸 정감 있는 작품에 동병상련(同病相憐)의 고개가 끄덕여진다.

> 말끔하게 닦여진 고속도로 옆
> 큰 굴뚝을 안고 있는 타이어 공장이 보인다
> 내 애마의 네 다리도 저 곳에서 만들어졌다
> 한때 내 이웃 철구 씨가 일했던 곳
> 매일 밤 야근 탓이었는지
> 무슨무슨 분진 때문이었는지
> 병명도 모른 채 숨을 거둔 철구 씨
> 어젯밤 꿈에 나타나
> 나보고 술 한 잔 하자 하는데
> 얼굴에 핏기가 돌았다
>
> -「타이어 공장」 全文

요즈음은 옛날과 다르게 작업 환경 오염에 사회적 관심이 많다. 10여 년 전 반도체 부품을 생산하는 국내 최고의 대기업에서 어떤 여공이 입사한지 2년 만에 급성골수백혈병이라는 희귀병을 얻어 23

세의 젊은 나이에 사망한 일이 있었다. 300여 명이 같은 병으로 직장을 그만 두었는데도 산업 재해 보상금을 받은 사람은 14명밖에 안 된다는 뉴스를 본 일이 있다. 여공이 입원을 하여 사경을 헤매고 있을 때, 회사 임원이라는 사람이 찾아와 하루 빨리 사표를 쓰라는 요구와 함께 작은 돈 봉투를 내밀었다고 한다. 돈 몇 푼으로 골치 아픈 일 빨리 끝내자는 수작이 아니고 무엇이겠는가?

문 시인의 친구도 타이어 공장에서 일하다가 그 독한 독성 물질의 분진으로 건강을 잃고 〈병명도 모르는 채 숨을 거둔〉 모양이다. 문득 꿈속에 나타난 친구의 얼굴에는 생전과는 다르게 얼굴에 핏기가 발그레 하더란다. 아마도 저 세상에는 병마의 고통이 없는가 보다. 돈만 중요하게 생각하며 직원들의 작업 환경은 나 몰라라 하는 그릇된 사회 풍조를 무섭게 힐난하는 사회 고발성이 강한 작품이다.

> 비린내 때문에 생선을 못 먹는다는 사람을 나는 이해하지
> 못 한다
> 비린 게 무지무지 먹고 싶을 때 나는 산으로 간다
> 산에 가면 비린내 나는 것들이 너무 많다
> 파아란 바람, 잘 여문 열매, 상큼한 공기, 크고 작은 나무들
> 이 있다
> 나뭇잎은 새우튀김처럼 파삭하게 부서져 먹기가 좋다
> 달콤하고 담백하고 고소한 식감이 구미를 당긴다
> 앉은 자리에서 한 그루 다 해치운다
> 연한 가지는 어금니로 똑똑 끊어 먹고
> 잎사귀 뒤에 붙어 있는 거미줄도 핥아 먹는다
> 뿌리까지 먹고 나니 새들이 하늘을 맴돈다

…중략…

등 푸른 생선처럼 비린내가 나는 나무들
산은 살아 있는 활어들의 천국이다

…중략…

어린 것의 몰캉한 살점을 뜯으러
오늘도 산으로 간다

-「생선 맛있게 먹는 법」 一部

요즘은 웰빙 식품에 관심들이 많다. 그래서인지 세 가지 흰색 식품(소금, 설탕, 흰 쌀밥)을 멀리 하고 되도록이면 거친 음식을 먹으려고 노력하는 삶들이 많아졌다. 자연에서 무공해로 자란 나뭇잎들을 아삭아삭 씹어 보는 자연인의 모습에 웃음이 나온다. 여리게 돋아난 부드러운 솔잎도 별미이고, 밭둑가에서 자라고 있는 찔레순을 꺾어 먹는 재미도 보통이 아니지 않는가!

〈등 푸른 생선처럼 비린내가 나는 나무들/ 산은 살아 있는 활어들의 천국이다〉. 건강을 위한 산행을 자주 하며 자연의 혜택을 만끽하면서 무병장수하시기를 기원한다.

미완
장안사 범종 소리
회룡포를 적시고
법당 안 볼 고운 방년

눈물 속의 독경 소리
사랑을
못 태운 마음
솔향에 젖어 흐른다

-「미완」 全文

이 시집 속에서 유일하게 자리를 차지하고 실려 있는 시조 작품이다. 시조가 우리 민족의 대표적 문학 장르임은 두 말할 나위가 없다. 따라서 의도적이었든, 무의도적이었든 간에 시조 형식을 빌어 탄생한 이 작품이야말로 이러한 민족성이 발현된 것이라고 본다. 우리의 언어, 습속, 정신, 위의(威儀)를 그 안에 자연스레 내장하고 있는 시조는, 그 어원에서도 알 수 있듯이, 한 시대의 풍속과 이념 그리고 보편적 정서를 끊임없이 드러내고 표상해온 우리 문학의 정수(精髓)이다. 시조는 의미 중심의 내재율만으로는 만족할 수 없는 독특한 형식적 제약을 지니고 있는 까닭에, 그 내용이 아무리 시적(詩的)이라 해도 기본 형식에서 너무 멀어져 있으면 시조로서의 가치를 상실하게 된다. 3장 6구라는 기본 틀이 공연히 만들어진 것이 아니며, 시조의 존재 이유는 형식에 있고 그 가치는 심오한 내용을 머금고 있을 때 문학 작품으로서의 가치가 있는 것이다. 일본의 하이꾸가 국민문학이 된 것처럼 우리도 국민 모두가 자연스럽게 시조 작품을 흥얼거리며 써 보는 날이 하루 속히 오기를 기대한다.

Ⅲ.

감상을 배제하고 지적인 혜안(慧眼)으로 관조의 대상에 대한 새로운 인식을 통하여 자신의 내면적 미의식을 발휘한 것이 심상 미학이라고 한다. 뜨거운 열정으로 일관되게 일궈온 시혼에 맑고 화사한 꽃바람이 스치면서 소박하고 아름다운 여운이 오래 남기를 바라는 기대를 해 본다.

이번 시집 속의 작품들은 형식면에 있어서 문시인의 기존의 시집들과는 달리 시형이 길어진 경향이 보인다. 시의 길이가 길고 짧은 것은 문제되지 않는다. 다만 시가 길어질 때와 시의 긴장미가 상호 어떻게 작용하는지는 한번 쯤 생각해 볼 일이다. 독자들이 오랜 시간 동안 긴장감을 유지하기는 매우 어렵고, 또한 기대할 수 없기 때문이다.

지금까지 문시인의 작품들을 나름대로 감상하면서 감각적이거나 지성적인 체험의 한 기억으로서 정신적인 재현을 의미하는 심상에 접근하여 시적 진실을 이해하려고 노력하였으나, 단지 평자의 주관적인 해석의 자의성을 극복했다고는 자부할 수 없으며 독자들의 현명한 안목에 맡겨 둘 수밖에 없음을 밝히면서 문운이 더욱 창성하시기를 기원하며 글을 멈춘다.

# 4부

## 동시 및 동시조집 평설

# 꿈과 사랑, 그리고 순수의 결정

## 김창현 동시조집 『낮달 뜨는 고향 언덕』

### Ⅰ. 시의 생명

시에 있어서 훌륭한 독자란 어떤 사람들인가? 훌륭한 시인만 있다면 물론 독자도 좋은 독자가 많을 것이라는 것은 자명한 사실이다. 서두에서 왜 독자의 수준을 먼저 말하는가 하는 것은 시인들이 아무리 심혈을 기울여 좋은 작품을 창작해낸다 하여도 그 진실이 제대로 전달되지 못한다면 그것은 아무 의미가 없는 일이기 때문이다. 필자의 생각은 좋은 시 한 편을 제대로 정중하게 감상하려면 그 시 한 편을 통하여 장편소설 한 권 정도의 이야기를 상상하며 공감각을 불러일으킬 만한 사람이라야 훌륭한 독자라고 생각한다. 그만큼 독자도 무한한 상상의 날개를 가지고 있어야 한다는 것이다. 물론 이것은 시인 자신도 그만한 함축성 있는 작품을 멋진 어조로 생산해 냈을 때를 전제로 하는 말이다.

시는 팽팽한 긴장 속에서 비유와 압축을 그 생명으로 하여 숱한 이야기들을 짧은 문장으로 응집시켜 표출하는 작업이다. 게다가 시조는 일정한 형식 속에 앞에서 말한 모든 조건들을 상상의 용광로로 녹여 부어야 하는 제약까지 뒤따른다. 그러니까 시조를 쓴다는 것은 시의 경지를 훨씬 뛰어 넘어 그 형식미를 완전히 체득한 사람이라야 가능한 것이다. 더욱이 동시조는 또 앞의 것에다가 독자가 어린이라는 특수성마저 고려해야 한다.

한국 시조 문단에서 동시조의 뿌리를 내리고자 불철주야 애쓰고 있는 관촌 김창현 시인이 7행 동시조집 100선을 선보이고자 한다.

관촌 김창현 시인은 어린이들의 꿈과 사랑과 순수를 곱게 용해시켜 뛰어난 솜씨로 비단결보다도 더 부드러운 동시조를 빚어내고 있다.

평생을 이 나라 초등 교육의 선구자로 어린이 교육에 헌신하셨던 분들만이 느낄 수 있는 이야기들을 별빛보다 아름답고 꽃빛보다 찬란한 필치로 현장성 있게 훌륭한 작품으로 형상화하여 사리알보다 더 품격 높게 동시조를 빚어내고 있다. 그가 쓴 작품을 읽다보면 입가에 미소가 번지기도 하고, 주먹이 불끈 쥐어지기도 하는 감동을 느낀다. 우리는 좋은 시를 통하여 어린이다운 맑고 고운 심성을 바라볼 수 있으며 삭막하기만 한 이 시대의 고통을 잠시 잊기도 한다. 긴 말은 접어두고 그의 작품 세계를 함께 여행해 보는 것이 좋겠다.

## II. 자기표현의 세계

"시는 강한 감정의 자연적 발로다."라는 워즈워드(Wordsworth)의 말에서 보듯이 시는 진실에서 우러나오고 진실에서 우러나온 것은 자연스러운 것이며 자연스러운 것은 성실한 것이다.

여기에서 자기표현(Self expression)이라는 것은 시를 시인 자신의 삶과 밀접하게 관련시켜 보는 시각이다. 이런 자기표현의 관점에서 시를 감상하다 보면 작품 평가의 기준이 시인의 성실성에 귀착되게 된다. 왜냐하면 시는 바로 시인 자신이기 때문이다.

관촌 시인이 얼마나 생활에 성실하고 있는지 그의 작품을 통하여 탐색해 보는 것도 재미있을 듯싶다.

깊은 산골 맑은 물
새끼치기 좋은 곳

점박이 검은 줄무늬
물이끼도 뜯어 먹다

입으로
자갈더미 집짓는
놀라운 재주 있지요.

-『금강 어름치』 전문

『금강 어름치』는 특수한 지명의 사물이지만 일반적인 사물로서의 어름치는 맑은 물에서만 살며 작품에서 보듯이 검은 줄무늬가 있는 작은 물고기이다. 어름치의 활동에서 알아낼 수 있는 특징은 어름치는 냇물에서 알을 낳는데 자갈을 물어다가 성처럼 쌓은 뒤에 그 가운데에 알을 낳는 특성이 있다. 자갈을 쌓아 놓는 것은 알이 떠내려가지 않게 보호하기 위해서라고 한다. 어름치가 냇물의 가장자리에 자갈을 쌓으면 그 해는 비가 많이 오고 냇물 가운데에 돌을 쌓으면 그 해는 가뭄이 온다고 한다. 물이 많을 때는 가장자리가 물의 흐름이 느리니까 가장자리에 알을 낳아 떠내려가지 않게 하는 것이고, 가물 때는 냇물 가운데가 가장 물이 늦게 마를 것이기 때문에 가운데에 알을 낳는 어름치의 모성애야말로 실로 영특하지 않은가? 종족 보존을 위하여 미리 조치하는 지혜야말로 본능적이기는 하지만 감탄할 만하다.

아마도 관촌 시인은 자녀들을 양육하기 위하여 부모들은 이토록 항상 염려하고 애쓰고 있다는 것을 어린이들에게 깨우치기 위해서 이 작품을 쓰지 않았나 싶다.

빠알간 무늬 꽃잎
너무 곱게 흐드러져

꽃샘 추위 조심해라
다둑이는 꽃술 이불

꽃망울
눈초리 좀 봐
싣고 오는 꽃향내.

-『꽃망울 눈초리 좀 봐』 전문

빠알간 꽃무늬로 장식된 세상이면 참으로 아름다운 세상이다. 그런데도 꽃샘추위를 조심하라고 경고하고 있다. 세상은 비록 미소를 지으며 나를 대한다 하여도 좋은 사람들만 있는 것이 아니라는 것을 웅변으로 말해 주는 것이 아닌가 싶다. 우리가 사는 사회가 왜 이 지경이 되도록 변했는지 한심스럽기까지 하다. 순수하고 철모르는 아이들에게 무엇이라고 가르칠 것인가. 그러나 모두(冒頭)에서 말한 것처럼 관촌 시인은 훌륭한 교육자답게 사물의 뒤까지 바라보는 혜안(慧眼)이 있는 것이다. 지금은 교직을 떠났기 때문에 직접 어린이를 상대하며 가르칠 수는 없어 작품으로 밖에 할 수가 없다. 시인의 사명감을 읽는 듯하다.

달동네 아이들은
하늘 가까워 좋겠다

은하수 작은 별들
무궁화 3호 인공위성

오늘도
친구 손잡고
봄노래 부를 거야.

-『달님』 전문

적어도 한국 사회에서 달동네는 가난을 상징하는 말의 대명사다. 거기에서 사는 귀여운 아이들. 관촌 시인은 그들에게 희망을 불어넣어 주려 한다. 하늘이 가까우니 하느님 목소리도 더 잘 들을 수 있을 것이고, 더욱 착하게 살 수 있을 것이란다. 어린이들에게 꿈을 심어 주기 위하여 시인으로서 교육자로서의 어린이 사랑하는 마음이 짐작할 만하다.

파란 하늘 마음껏
훨훨 나는 큰 새가 될까

넓은 지구 펄펄 뛰는
마라톤 선수 될까

내 꿈은
큰 하늘 세상만큼
기술 좋은 우주비행사.

-『내 꿈』 전문

2002 한 · 일 월드컵에서 우리나라 축구 응원단이었던 「붉은 악마」들이 내건 슬로건 중에 『꿈★은 이루진다』라는 말이 가슴에 남는다. 인류 최초로 달나라에 발을 디뎠던 미국의 우주비행사 닐 암스트롱의 어릴 적 꿈은 우주인이었다고 한다. 그가 얼마나 노력했는지는 모르지만 적어도 꿈을 가지고 노력하면 반드시 그 꿈은 이루어진다는 소망만으로도 우리는 살 만하다.

어린이들에게 큰 꿈을 품게 하기 위하여 노력하고 있는 시인의 의도야말로 실로 존경받을 만하다.

## Ⅲ. 교훈의 세계

"시는 가르치고 즐거움을 주려는 의도를 가진 말하는 그림이다."

라고 시드니(Sidney)는 말하였다. 이것은 시를 '전달'로 보는 견해, 즉 독자에게 어떤 효과를 노리기 위한 것으로 시를 보는 관점이고 독자의 반응에 초점을 둔 문학관이다. 이것은 문학관에서 효용론(效用論)에 해당하는 것인데 이를 위해 동양에서는 시를 인격 수양의 수단이나 교화의 수단으로 보는 사회학적 가치를 중시하는 문학관이 바로 그것이다.

관촌의 작품 가운데에도 교훈을 강조하는 작품이 있어 일독해 보고자 한다.

매미들 노래 부르다
소나기 만났어요

세수 목욕 시켜주며
개미처럼 일 해 봐

소나기
타일러 주었으나
듣지 않는 왕매미.

『여름』 전문

이 작품은 우리가 흔하게 들어 왔던 「베짱이와 개미」라는 동화를 연상시키는 작품이다. 다만 대상과 화자(話者)가 바뀌었을 뿐이다. 밤낮으로 노래만 불러대는 매미가 세수라도 제대로 할까 하는 생각으로 소나기가 세수와 목욕을 시켜 주었다는 표현은 참 재미있다. 그러면서 개미처럼 열심히 일해야 겨울에 식량 걱정하지 않으며 살

것이라고 타이르는 모습에서 관촌 시인은 영락없는 훌륭한 교육자로서의 진면목을 유감없이 표출하고 있다. 관촌 시인은 매미를 통하여 이 사회를 변모시키려 하지만 소나기가 지나가고 나면 다시 울어대는 매미 소리처럼 소귀에 경 읽는 꼴은 아닌지 세상 탓만 하여 무엇하랴.

집에 와서 아무도 없어
울고 싶어도 꾹 참았다

밥통 속에 밥 없어
화내고 싶어도 꾹 참았다.

울 엄마
나를 위해서
고생하기 때문에.

『나 때문에』 전문

우리의 감정 표현은 상대가 있을 때에 가능하다. 내가 지금 아무리 화가 난다 해도 들어주는 사람이 없으면 소용없는 일이다. 그런데도 이 작품 속의 화자는 좋게 말하면 여유를 부리고 있고 돌려 말하면 허세를 부리고 있다. 집에 아무도 없기 때문에 화를 낼 수도 없을 뿐만 아니라, 배도 고프고 홧김에 밥이나 먹을까 하여 밥통을 열어보니 밥은 조금도 없으니 얼마나 화날 일인가. 옛날의 가난한 농촌 삶을 생각한다면 이런 일쯤 안 겪어 본 독자가 없으리라. 지금 작중 화자(話者)는 집에 아무도 없고 배고파도 먹을 밥도 없는 어쩔 수 없는 상황이다. 제가 화를 내본들 무엇하랴. 아무도 들어 주는 사람이 없는데.

그런데 어떻게 마무리하고 있는가. 나를 위해서 고생하는 엄마 때문에 참는다고 마감한다. 여유와 허세를 교묘하게 버무린 솜씨로 볼 때 관촌 시인이야말로 어린이의 심중 속을 꿰뚫어 보지 않나 싶어 읽는 이로 하여금 미소를 머금게 한다.

## Ⅳ. 동시조에서의 풍자성

풍자문학은 반체제적 지하문학(地下文學 underground literature), 또는 과학 소설 등의 분야에서 많이 사용되어 왔으나, 20세기에 들어와서 소박하고 기계적이며 추상적이라는 이유로 대다수의 시인들에게 배척받고 있다. 그러나 『이솝 이야기』나 『장자(壯子)』에 나오는 여러 가지 시적 우화(寓話)들은 현묘(玄妙)한 도(道)를 전달하기 위해서 알레고리의 수법을 쓰고 있는데 교훈적 의도를 가장 효과적으로 나타낸다는 점에서 그 기교적 우수성을 인정할 수밖에 없다.

이 시집에서도 상당수의 풍자시가 보이는 바 이것은 극히 자연스러운 일이라고 본다.

> 찬바람이 불어 와
> 숲 속 나무들 휘파람 불어도
>
> 비닐 터널 속 딸기 호박꽃엔

꿀벌 떼들 쉬지 않고

흑설탕
겨울 먹이 주었어도
꽃가루가 좋은가 봐.

-『꿀벌 떼』 전문

농촌 들녘에 가보면 비닐하우스가 매우 많다. 들여다보면 딸기며 방울토마토며 상추며 온갖 채소들이 싱싱하게 자라고 있다. 그 중에서도 딸기는 꽃가루받이를 해주어야 딸기가 열리는데 사람들이 일일이 인공 수정을 해줄 경우 그 인건비가 말도 못할 지경이라 한다.

그래서 벌의 힘을 빌린다고 한다. 겨우살이를 위해 일 년 내내 일했지만 모아 놓았던 꿀은 다 빼앗기고 흑설탕 가루에 목숨을 부지하고 있던 벌들이 진짜 꽃가루를 맛볼 수 있으니 얼마나 좋겠는가. 실로 누이 좋고 매부 좋은 꼴 아닌가. 그러나 한 편 생각해 보면 인스턴트식품이 자연 식품만 하겠느냐는 깊은 속뜻이 있지 않나 싶다.

세 살 난 막내 아이
부처님 나이 몇 살이지

펴 보이는 손 모양이
너 몇 살이지 묻잖아

사람들
왜 너털웃음을 쳤는지

막내는 모른다.

『부처님 나이』 전문

시는 읽는 사람마다 해석을 달리 할 수 있어 시로서의 묘미가 있다. 이 작품은 어떤 도량(道場)에서 보고 느낀 모습을 천진스럽고 순수하게 그린 것으로 보인다. 그러나 우리 독자들은 이 작품을 읽으며 손오공 이야기를 떠올릴 수 있을 것이다. 손오공이 부처님 세계로부터 도망을 가기 위해 하루 한 나절 날아갔으나 결국에는 부처님 손바닥 안이더라는 이야기를 연상시키지 않는가. 우리 속담에 하룻강아지 범 무서운 줄 모른다는 말이 있듯이 세 살 먹은 꼬마가 부처님보고 몇 살 먹었느냐고 묻는다는 말에서 우리 인간이 얼마나 우매한 것인지를 힐난하고 있다 하겠다.

이외에도 『멀리 뛰기』, 『가로등』, 『콩나물』, 『엄마 손잡고』 등의 작품에서 풍자성을 발견할 수 있다.

## Ⅴ. 나가는 말

사물을 분별하고 판단하는 관점에서 동양이나 특히 우리나라는 두루뭉술하게 평하는, 다시 말하면 종합적이라고 할 수 있을 것이며, 서양은 분석적이라 할 수 있다. 한 편의 작품을 읽고 난 뒤 무어라고 꼬집어 말할 수는 없지만 무릎을 탁 칠만한 작품이라면 우리는 그것을 좋은 작품이라고 말할 수 있으리라. 지나치게 숲을 파헤치다가 나무도 버리고 숲도 감상하지 못하는 어리석은 짓은 하지 말아야 한다.

관촌 김창현 시인은 대전 지역에서 거의 불모지나 다름없는 동시조의 씨앗을 뿌리는 일에 열정을 다하고 있으며, 나아가 한국 시조 문단의 활성화를 위해 노력하는 그 숭고한 열정으로 하여 한국 문단에 훌륭한 발자취를 남기리라 믿어 의심치 않으며 시집 발간의 기쁨을 함께 하고자 한다.

# 헌신적 삶을 바탕으로 진솔한 세상 그리기

## 문희순 동시집 『할머니의 보석』

### Ⅰ. 들어가는 말

우리가 시를 말할 때 무엇을 객관적 대상으로 삼았느냐 하는 것은 매우 중요한 일이다. 아리스토텔레스의 "시는 율어(律語)에 의한 모방이다."라는 정의를 염두에 둔다면 시는 서사적이며 사실주의의 핵심적 문학관이 되어야 하는 것이다. 이것이 시를 현실과 인생의 모방 또는 재현(再現)으로 보는 모방론적 관점이다.

그러나 문학 작품은 개인적 산물일 수밖에 없다. 그 개성적 표현이 일반화 내지는 대중화 될 때 공감대를 형성하게 된다. 다시 말해 시인이 시를 시인 자신과 관련시켜 보는 관점이 바로 표현론적 관점이다. 표현론적 관점에서는 시를 시인의 지각, 상상, 감정에 작용하는 상상력의 산물로 정의한다. 따라서 표현론적 입장에서 보면 시 작품 평가의 중요한 기준은 성실성이다. 이 표현론은 문학을 개성의 표현, 곧 자기표현으로 보기 때문에 개성적인 것, 독창적인 것이 가치 기준이 될 수밖에 없다. 시는 진심에서 우러나오고 진심에서 우러나온 것은 자연스러운 것이며 자연스러운 것은 진실할 수밖에 없다. 여기에서 문학 작품의 성실성은 진실성과 자연스럽게 일맥상통하는 것이다.

"시는 마음이 흘러가는 바를 적은 것이다. 마음속에 있으면 뜻이라 하고 말로 표현하면 시가 된다."라고 서술한 시경(詩經)의 서술은 문학을 단적으로 표현한 의미심장한 말이 된다고 하겠다.

문희순 시인이 그동안 심혈을 기울여 창작해 온 동시들을 모아 『할머니의 보석』을 상재한다. 그동안 여러 권의 시집을 세상에 발표한 중견시인답게 세상의 보기 흔한 정경들을 바탕으로 한 시상의 전개임에도 그 표현 기술이 예사롭지 않음을 본다. 특히 동시는 그 대상이 어린이라는 점을 염두에 둘 때 쉬우면서도 비유와 압축을 생명으로 불어넣어 짧은 문장으로 응집시켜야 함을 문 시인은 너무도 잘 깨닫고 있다.

## II. 생활 속에서 기쁨의 보석 캐기

문학이라는 것을 가장 단적으로 말한다면 언어로 아름다움을 창조하는 예술이라고 볼 때 생활 속에서 아무리 시적 대상을 발견한다 하더라도 언어 로, 시로 표현하지 않으면 문학이 도무지 성립할 수 없음을 이제 문 시인의 작품을 대하며 공감대를 형성해 보고자 한다. 문 시인의 작품은 손주를 기르며 느꼈던 정경들을 보석 같은 손주들한테 보석으로 남겨주고 싶은 마음에 동시로 표현하여 귀한 동시집으로 묶고 있어서 그 손주 사랑이 참 눈물겹게 아름다운 진실성으로 우리에 다가온다.

까치발로 살금살금
엄마 귀에 소곤소곤

"엄마 친구가 때리고 밀어요."
왜? 그럴까

"친구들이 나를 따라다녀요"
그럼 수인이는 친구들 싫어

작은 손으로 입을 가리며
"음 아니 좋아"

-「비밀」 전문

이 시의 화자(수인이)는 매우 예쁜가 보다. 그러기에 친구들이 치근대고 친구들이 함께 놀고 싶어서 따라다니는가 보다. 아이들은 놀다가 가끔씩은 싸우며 자라는 것 아닌가. '엄마, 친구가 때리고 밀어요.'라고 아이들이 말하면 아마도 요즈음 엄마들은 '그러면 너도 때려!'하고 살벌하게 가르치지는 않는가. '그 친구들이 너를 좋아하기 때문이란다. 그러니까 싸우지 말고 놀아라.'라는 말 한 마디 없이 아이가 스스로 깨닫도록 말없음으로 가르치고 있어 수인이 엄마의 어진 어머니상을 눈에 보는 것처럼 확연하게 웅변으로 칭찬하고 있다. 또한 이 시는 대화체로 표현되어 실감나게 읽히는 장점이 있다. 마치 엄마와 아이가 다정하게 대화를 나누는 장면이 눈에 보이는 것처럼 선하다.

> 아기가 냠냠
> 밥을 먹다가
> 뱉어 낸 밥
> 엄마는 냉큼 받아먹어요
>
> 아기가 감기에 걸려
> 콧물이 줄줄 흐르면
> 엄마는 입으로 쏘옥 빨아 들여요
>
> 엄마는 밥을 먹다가
> 아기가 똥을 싸도
> 토실한 엉덩이 닦아주며
> 뽀뽀해줘요.
>
> -「엄마 1」 전문

이 땅의 모든 어머니들의 헌신적이고 무조건적인 자식 사랑을 그려내고 있다. 처녀 시절에는 아이가 밥상머리에서 응가를 하면 밥맛 떨어져 못 먹겠다고 하던 아가씨들이 결혼하여 자식을 낳아 기르다 보면, 아이가 먹다가 뱉은 밥도 서슴없이 내 입으로 들어가고, 아이가 감기에 걸려 흘리는 콧물까지도 더럽다 하지 않고 오직 아이가 빨리 건강하게 낫기만을 바라는 어머니의 헌신적인 사랑이 눈물겹도록 아름답다. 그 뿐인가? 황금색 똥은 건강한 증거라며 엉덩이를 토닥거리다 못해 뽀뽀까지 해 준다는 표현에서 엄마의 아이 사랑이 상상을 초월하는 느낌을 준다. '이 땅의 부모들은 모두가 자식들을 이렇게 헌신적인 사랑으로 키웠단다.' 하는 이야기를 독자들에게 가르치고 있는 교훈시의 전형적인 모습이다.

동생하고
발가벗고 목욕을 해요

물장구치며
깔깔깔 큰소리로 웃어요

동생이 내 배꼽을 꾹 눌러요
간지러워 간지러워
까르르 웃어요

동생은 두 살, 남자
나는 네 살, 여자
그래서 몸도 다르다고
엄마가 알려주셨어요.

-「엄마 3」 전문

지금의 어른들 세대에는 이렇다 하게 양성 평등 교육을 받지 못하고 자랐다. 이 시에서는 남매를 목욕시키며 남자와 여자는 다르다는 것을 엄마는 현명한 방법으로 일상적인 언어를 통하여 자연스럽게 가르치고 있다.

고전주의 시대에는 시인의 언어는 고상하고 품격 있는 귀족 계급의 언어라야 한다고 알려져 있었다. 그러나 낭만주의 시대에 와서는

"모든 일상어는 시가 될 수 있다."라고 워즈워드가 말하였고, 콜리지는 "일상적인 언어가 시 속에 놓일 때는 그 의미가 달라져야 한다."고 역설하면서 좀더 구체적인 서술을 하였다.

문 시인의 동시는 작품 모두가 우리가 흔히 사용하고 있는 일상적인 언어로 시를 쓰고 있어 친근감이 느껴지며 쉽게 읽힌다는 장점이 있다. 시는 우선 독자들에게 읽혀져야 한다는 말을 명제로 받아들일 때, 쉬운 일상적인 언어로 쉽게 접근하도록 유도하고 있음은 매우 바람직한 현상이라고 여겨진다.

> 수인이 동생하고 놀다가
> 컵에 있는 물 엎질렀어요
>
> 어떻게 하지
> 놀란 수인이 얼른 마른수건으로 닦아요
>
> "엄마 미안해요 현이 물 먹이려다 쏟았어요"
> 괜찮아 우리 수인이 말도 이쁘게 하네
> 누구한테 배웠어요
>
> "엄마한테요."

-「엄마 4」 전문

교육의 가장 현명한 방법은 솔선수범이다. 그래서 맹자의 어머니가 세 번이나 이사를 했다는 것이 아닌가! 작품 속의 어머니는 우선은 아이를 이해하면서 동생이 목마를까 봐 물을 먹이려 했던 동생을 사랑하는 시의 화자(수인이)의 마음을 재빠르게 간파하고 있어 아이 사랑하는 마음이 매우 폭 넓고 아이 교육 방법이 참 배울 점이 많다고 느껴진다. 시 속에서도 '누구한테 배웠느냐'고 묻자 '엄마한테요.' 하고 말하지 않는가! 정말이지 내가 다시 내 아이들을 키운다면 시 속의 수인이 엄마처럼 키워 보고 싶은 마음이다.

봄 날씨 변덕에
몸살 난 우리 엄마

이마에 손을 대면
열이 펄펄
맛있는 밥도 못 먹고
드신 것도 없는데
배속은 울렁울렁

회사일이 힘드신가 봐요
엄마 팔, 다리
꾹꾹 안마해 주며
이마에 물수건 얹어드렸어요
잠드신 엄마 눈가에 눈물이 맺혀있어요

-「약속」 전문

우리의 모국어 중 옛날 말 가운데 아내를 안해라 하였다. 집안의 해, 집안의 태양이라는 말이다. 태양에 구름이 끼면 온 세상이 어두운 것처럼 엄마가 몸살이라도 나서 자리 깔고 누워 계시면 온 집안이 어둡다. 사실 말이지 아빠가 몸이 아파 누워 계신다 해도 그렇게 답답할 것은 없다. 그냥 아빠 혼자 끙끙 며칠 앓다가 일어나면 그만이다. 그런데 엄마가 아프면 이것은 보통 큰 일이 아니다. 아이들 어린이집이나 학교 보내랴, 엄마 죽이라도 쒀 주어야 할 것 같고, 자신도 출근해야겠고, 아빠는 아빠대로 허둥대는데 집안은 모두 엉망이고, 이것은 세상의 모든 아빠들이 함께 느끼는 현상일 것이다. 어린 자녀들이 엄마 팔다리 안마해 주며 물수건으로 이마를 식혀 주는 아이들 정성이 가히 눈물겹게 느껴지는 행복한 가정의 모습이다. 엄마도 그 갸륵한 아이들 마음에 감동을 받아 눈물이 나는가 보다.

"앙앙앙"
왜 울어 아가?

"앙앙앙"
그만 울고 말을 해봐

"앙앙앙"
엄마한테 꾸중 들었어?

"앙앙앙"
할매는 세상에서 수인이가 제일 좋아

"앙앙앙, 수인이 할매한테 갈 거야"
그래그래, 약속해

-「전화」 전문

수인이와 할머니가 전화를 하는 정경인가 싶다. 아마도 엄마나 아빠에게 말썽을 피우다가 꾸중을 들었나 보다. 어디 하소연이라도 해야겠는데 그때 생각난 것이 할머니다. 그래서 할머니한테 전화를 걸었는데 말도하기 전에 설움이 복받쳐 울음부터 터뜨리는 수인이의 모습이 앙징스러울 만큼 귀엽다. 그래도 수인이는 편들어 주시는 할머니가 계시고 투정이라도 받아 주시는 할머니 때문에 얼마나 행복한가. 두고두고 일생을 살면서 행복하기를 어른의 입장에서 함께 기도드리고 싶다.

시골에 계신 할아버지가
보내주신 옥수수
폴폴 구수한 냄새
할아버지 냄새가 난다

얇디얇은 날개옷을 벗기니
촘촘히 박힌 알알이
윤기가 자르르
먹기도 아까울 만큼 예쁘다

문득
할아버지 듬성듬성 빠진 이가 생각난다
돈 아끼신다고
치과도 안 가시는데
윤기 나고 단단한 옥수수 알을 골라
할아버지 빠진 이 사이에 끼워드리면
튼실한 이를 드러내시며
얼마나 좋아하실까?

-「옥수수」 전문

아마 시 속의 할아버지는 이가 듬성듬성 빠지신 모양이다. 〈돈 아끼신다고 / 치과도 안 가시는데 / 윤기 나고 단단한 옥수수 알을 골라 / 할아버지 빠진 이 사이에 끼워드리면〉 이빨 빠진 할아버지가 얼마나 불편하실까? 그런데 돈 아깝다고 병원에도 안가시고, 할아버지가 보내 주신 옥수수를 보니 잘 여문 옥수수를 몇 알 빼다가 할아버지 이빨 사이에 끼워드리면 감쪽같을 텐데…, 하는 안타까움. 아이들만이 생각할 수 있는 상상의 공간이다.

할머니 집에 갈 거예요
조심해서 가세요
우리 집에 또 놀러 오세요

더 어릴 때에는
할머니 간다고 하면
울고불고 몸부림쳤던
수인이는 어디 갔나

겨울바람이
할머니 마음, 베는 것 같아요.

-「쿨한 안녕」 전문

아! 할머니의 서운한 마음이 가슴에 다가온다. 예전에는 할머니가 집에 가신다면 순주들이 매달리며 울고불고 했었는데 조심해서 가

시라고 인사만 하다니…. 그 만큼 손주가 자랐구나 하면서도 왠지 모르게 가슴 속이 허전하신가 보다. 어른들 마음 헤아릴 줄 아는 아이들이 얼마나 있으랴. 자식들도 헤아려 주지 않는데 할머니도 조금씩 양보하고 아이들 사랑에 대한 기대와 욕심을 버려야 한다고 주장하는 작품인 듯싶다.

색종이
조각조각 오려서
예쁜 카네이션 꽃을 만들었어요

새벽에
엄마는
잠든 내 이마에
입을 맞추고
식당에 일을 나갔어요

엄마하고
나하고 단둘이 살고 있어요
그래서
내가 잠들었을 때
엄마는 내 얼굴 쓰다듬으며 울어요

해님은
배고프다고 집으로 들어가
깜깜한데
엄마는 아직 안 들어왔어요

나는 이불을 뒤집어쓰고
카네이션 꽃 들어있는
가방을 안고
엄마를 기다리다
잠이 들어요.

-「어버이날」 전문

이 동시는 손주들을 보며 쓴 시는 아닌 것 같다. 자세한 사연이야 이야기할 수 없지만 이 시 속의 주인공은 어머니가 식당 일을 하시면서 살림을 꾸려 나가시는 가정인 것 같다. 어디 그런 가정이 하나 둘인가? 그런데 어버이날을 맞은 것이다. 어버이날을 맞으며 시 속의 주인공은 카네이션 살 돈도 아끼기 위해 색종이를 오려 정성스럽게 카네이션을 만든다. 일 나가신 엄마를 기다리다가 나도 모르게 잠이 든다. 일을 마치고 돌아오신 엄마가 잠자는 아이를 안쓰럽게 바라보며 우시는 것을 아이는 알게 되었다. 엄마를 기쁘게 해드리기 위해 정성껏 만든 카네이션을 가방에 소중하게 넣어 두고 만지작거리다 잠이 든 아이의 모습이 너무도 안타깝고 가슴이 짠하다. 옛말에 젊었을 적 고생은 돈 주고 사서라도 하라는 말이 있다. 건강과 재산은 옛날은 중요하지 않다고 하였다. 젊었을 적에는 이렇게 고생하며 살았더라도 어른이 되어서 행복하다면 되는 것 아닌가? 이 땅의 모든 어린이들이 어른이 되었을 때에는 모두 행복했으면 좋겠다.

구석구석
먼지를 털어내고
윙윙윙

청소기를 돌리고
요리조리
걸레로 깔끔하게

아파서 돌아가신
할아버지 사진은
세수를 씻기듯
마른수건으로
살살 안 아프시게

할아버지는 하늘나라에서
무엇을 하시며 지내실까?

내가 보고 싶어서
땅만 쳐다보실까?

-「봄 단장」 전문

가족 사랑이 대단한 집안 같다. 새봄을 맞으며 온 집안 청소를 하는 날인가 보다. 먼지도 털어내고 청소기를 돌리고 걸레질도 하면서 대청소를 하는데 할아버지 사진에 눈길이 머문다. 뽀얀 먼지가 쌓여 있다. 당연히 닦아드려야지 하면서 마른 수건으로 조심스럽게 닦는 아이들 모습이 사랑스럽다. 우리는 지금 이렇게 온가족이 집안 청소를 하는데 〈할아버지는 하늘나라에서 / 무엇을 하시며 지내실까?〉 문득 보고 싶어진다. 할아버지도 〈내가 보고 싶어서 / 땅만 쳐다보실〉 거라는 상상의 모습에서 가족 사랑 모습이 참 아름답게 느껴진다.

논두렁에
외로운 허수아비
밥은 먹는지
잠은 저렇게 서서 자는지
참새친구라도
곁에 있으면 좋을 텐데
곁에 두고 싶어도
쫓아야 하다니
불쌍한 허수아비

-「허수아비」 전문

문 시인의 시적 시선이 반드시 손주들에게만 머물러 있는 것은 아니다. 세상에서 흔히 볼 수 있는 아름다운 풍경들에게도 관심을 갖는다. 이 작품은 가을날 들판 가운데에 혼자 서있는 허수아비에게 사랑의 눈길을 던진다. 문학적 서술 방법에 의인법, 활유법이라는 것이 있다. 사람이 아닌 사물한테 마치 사람인 것처럼 인격을 불어넣어 생각해 보는 것이다. 마치 사람처럼 허름하기는 하지만 사람의 옷을 입고 들판 가운데 서 있는 허수아비. 온종일 서 있느라 밥은 먹었을까? 아무도 오가지 않는 들판 가운데에서 가끔씩 날아오는 참새가 얼마나 반가운지 모른다. 그런데 얄궂게도 허수아비는 그 참새를 쫓아버려야 할 입장이다. 아마 벼는 까먹지 말고 나랑 이야기나 하다 가라고 참새를 붙잡고 싶을 것이다. 얼마나 외로우면서도 따뜻한 정경인가.

## Ⅲ. 마무리하는 말

논어의 양화 편에 보면 "시는 흥겹게 할 수 있고, 보게 할 수 있고, 무리 짓게 할 수 있고, 원망하게 할 수 있다. 가까이는 어버이를 섬기게 하고, 멀리는 임금을 섬기게 할 수 있게 한다."라고 하였으며, "시는 가르치고 즐거움을 주려는 의도를 가진 말하는 그림이다."라는 시드니의 말을 생각해 볼 때, 시는 시다워야 하고 동시는 동시다워야 한다.

다시 말하면 동시는 싯적 대상이 어린이들인 만큼 교훈적이며, 효용성이 있어야 하고 쉬워야 한다. 이런 관점에서 볼 때 문희순 시인의 동시집 『할머니의 보석』에서 보석은 물론 좁게는 손주들이다. 사랑하는 손주들이야말로 무엇과도 바꿀 수 없는 귀중한 보석이다.

그러나 시는 가장 개성적이면서도 그 개성이 보편성을 지녀야 값이 있다 할 때 비록 손주들을 보며 쓴 동시이지만, 그 싯적 대상은 세상의 모든 아이들이다. 내 자식이 소중하면 남의 자녀도 소중한 법이다.

지은이는 머리말에서 세상의 모든 어린이들이 〈신나게 소리 지르고 / 마음껏 뛰어놀며 / 꿈을 펼쳤으면 좋겠어요. // 화목한 가정에서 / 넘치는 사랑을 받고 / 튼실하게 자랄 수 있었으면 좋겠다〉고 말하였다. 얼마나 이 땅의 어린이들이 행복하기를 바라는 고마운 마음이며 따뜻한 마음의 시인인가. 아이들에게 하고 싶은 말을 티 나지 않게 교훈적으로 이끌어내고 있으며 게다가 문학적 효용성을 살리고 있어, 읽으면 흐뭇하면서도 가슴 따뜻한 웃음이 살며시 나오는 작품들이 많다. 작품 하나하나가 독자적으로 존재하는 자율성 또한 지니고 있고, 여성들만이 가지는 섬세한 배려가 물씬 풍겨나는 좋은 동시집을 대할 수 있어서 이 땅의 어린이들은 행복할 것이라고 생각하며 글을 맺는다.

# 알레고리가 품고 있는 동심의 서정적 미학

## 박종국 동시집 『바람은 싸움쟁이』

### Ⅰ. 들어가는 말

박종국 아동 문학가는 이미 『섬은 섬을 말하지 않는다』를 비롯한 19권의 시집을 발간하고, 『남산공원 맹꽁이』를 비롯한 수필집을 9권이나 발간한 이 시대에 보기 드문 문학적 열정을 가진 훌륭한 문학가이다. 어느 한 분야도 통과하기 어려운 문학 장르를 시, 수필, 아동문학 등 세 분야에 걸쳐 그 실력을 인정받아 다양한 분야에서 활약하고 있는 뛰어난 문학가이다.

박시인의 작품을 일독하면서 작품마다 알레고리가 다양하게 나타나고 있음을 간파할 수 있다. 프라이(N. Frye)는 '모든 비평은 알레고리이다'라는 견해를 밝힌 바 있다. 알레고리는 문학 언어의 본질적 측면에서도 그 기능의 원천을 찾아볼 수 있다. 일반적으로 알려진 바와 같이 문학 언어는 일차적 기호인 일반 언어를 문학 속에 수용하여 이차적으로 수용한다. 따라서 문학이 갖고 있는 상징체계들은 음악과 미술 같은 자율적 상징체계가 아니라, 언어에 의해서 파생된 의미체계를 그 원료로 사용하는 모방적 상징체계이다.

알레고리의 범주에서 작품을 해석할 때 수사적인 측면에서 알레고리는 주로 의인화와 문답법의 기법을 나타내고 있다. 그 이유는 언어가 사람에 의해 지배되어 나타내기 때문이며 또한 사람에 의해 지배된 언어는 본질적으로 인격성을 띄게 되어 자연스럽게 의인화가 나타나게 됨을 의미한다.

또한 알레고리를 의미론적 측면에서 보면 교훈성을 특질로 갖는다. 알레고리의 명백한 현실 인식은 우리들이 마땅히 지켜야 할 도덕, 진리 등의 추상 개념을 교훈적으로 지시하는데 이 동시집 속의 많은 작품에서 이러한 점들을 발견할 수 있다. 이 점을 염두에 두고 이 동시집을 읽는다면 이해하는데 도움이 될 것으로 믿으며 작품의 세계로 들어가 보자.

## II. 상큼하고 아름다운 동심의 세계

봄비가 조용조용 내리며
조심스레 땅바닥을 두드려 본다.

씨앗아, 아직도 자고 있니
풀뿌리야, 아직도 늦잠이냐

누군가 부르는 소리
누군가 깨우는 소리

바깥세상 좀 내다 보렴

눈부신 봄이란다

멋쩍어 하며
살그머니 내민 얼굴

빗물에 젖어
뾰족뾰족 노란 새싹이 올라왔다.

-「봄이 오는 길목」 전문

엄마가 잠자는 아이를 깨울 때 발길로 툭툭 차지 않고 다독다독 두드리며 깨우듯이 아직도 땅 속의 씨앗이 곤하게 잠자고 있는 것은 아닌지 조심스레 땅바닥을 두드려 보는 봄비가 자상하게 느껴진다. 봄은 희망의 계절이다, 봄을 더욱 희망차게 하는 것은 새싹들이 있기 때문이다. 그 새싹을 불러내는 것이 봄비라는 데에 이 시는 초점을 맞추고 있다. 이 작품은 앞에서 언급한 바와 같이 의인화의 기법을 사용하고 있으며 대화체로 되어 있어 읽는 사람들로 하여금 친근감을 느끼게 한다.

덧셈인가
곱셈인가
묵은 풀밭 쪼면서
비둘기는
구구구

새싹이 뾰족 뾰족
아가는

아장아장
해님은
빵끗빵끗

-「버드내의 봄」 전문

이 작품은 버드내 천변을 산책하며 만난 비둘기가 시적 대상이다. '구구구'하며 노래하는 비둘기 소리를 들으며 지은이는 초등학교 시절을 떠올린다. 덧셈과 뺄셈을 배우며 열심히 구구단을 외우던 시절을 그리고 있어 참 재미있게 읽히는 작품이다. 비둘기도 이 세상에 태어나 쓸모 있는 생활을 하고 싶어 부지런히 공부하는가 보다.

한겨울 눈밭에 매서운 바람
먹이가 끊겼다

양지 바른 길가 쥐똥나무숲
술렁이는 참새

겉모습 흉측한 쥐똥 같아도
머금은 꽃향기

새카만 쥐똥은
먹음직 잘 익은 달콤한 열매

"맛있다. 맛있다"
재잘재잘 배불리 먹는 푸근함

추운 겨울나기
하나둘 모여든 새들의 사랑방.

-「쥐똥나무」 전문

도시의 길가에 관상수로 심어진 쥐똥나무는 겨울이면 까만 열매가 잘 익은 채로 잔뜩 매달려 있다. 겨울철은 참새들의 먹잇감이 부족한 계절이다. 여름이나 가을철에는 벌레도 잡아먹고 온갖 것이 풍성하여 배부른 계절이었는데 겨울이 되고 보니 까맣게 익은 쥐똥나무 열매가 그렇게 고마울 수가 없다. 우르르 무리를 지어 날아다니는 참새들에게 참으로 소중한 식량이다. 겨울철 일손이 한가한 농부들이 심심할 때마다 동네 사랑방에 모여서 이야기꽃을 피우듯 참새들이 우르르 쥐똥나무 숲에 모여 배부르게 먹으며 재잘거리는 모습에서 지은이는 행복한 정경을 유추하며 그려내고 있어 참으로 푸근한 정을 느끼게 한다.

공원 산책로를 걷는다
개똥 한 무더기

가족과 같기에
주인이 치워야 하는데

눈치를 보다
슬금슬금 달아났을
뻔뻔함

버려진 양심이
퀴퀴한 냄새로 뒹구는
불쾌함

지나는 사람마다
투덜투덜

저러니
개에게 욕 먹이고
눈총 받게 하는 거겠지

-「개똥」 전문

얼마 전에 텔레비전 뉴스에서 개똥녀 이야기가 보도된 일이 있다. 어떤 사람이 지하철 안에 애완견을 데리고 탔는데 그 애완견이 볼일이 급했는지 차 안에서 그만 개똥을 쌌는가 본데, 주인이 깨끗하게 처리하고 갔다면 뉴스거리도 되지 못하는 일이다. 그런데 그냥 그대로 두고 지하철에서 내려버린 것이 화제가 되어 한동안 시끄러웠다. 개 주인이 양심 있는 사람이라면 그럴 수 있는 일인가. 이 작품은 기분 좋게 산책길에 나선 시민들이 여기 저기 널려 있는 개똥에 눈쌀을 찌푸리며 기분이 좋을 리가 없어 하는 풍경을 그리고 있다. 사람들 모두가 최소한의 공중도덕만 지킨다면 세상은 유쾌하고 살맛나는 곳일 텐데 말이다. 이 작품은 산책길에서 본 유쾌하지 못한 풍경을 통하여 세상 사람들의 무뎌져가는 양심을 조용히 꾸짖는 교훈시가 될 것이다.

낮에는
해바라기
해바라기꽃

밤에는
달바라기
달맞이꽃

밤낮 없이
엄마바라기
우리 아가

-「바라기」 전문

이 작품은 손주를 돌보며 겪은 단상을 그려내는 작품인 듯싶다. 우리 아이들은 할아버지 할머니와 재미있게 놀다가도 엄마가 나타나면 순간적으로 할아버지 할머니를 외면하며 엄마 품으로 달려간다. 그런 손주의 모습을 보면서 한편으로는 서운하기도 하지만 한편으로는 귀여운 손주들의 모습에 빙그레 웃음이 나오게 하는 작품이다. 세상에 엄마보다 더 좋은 사람이 어디 있을까. 해만 바라보며 빙글빙글 도는 해바라기나 밤새 달을 바라보며 그리움을 달래는 달맞이꽃처럼 밤낮없이 엄마를 바라보며 쑥쑥 자라나는 우리 아기의 모습이 귀엽기만 하다.

꽃아, 너는
항상

좋은 냄새만을 지니고 있니

꽃아, 너는
항상
살짝 미소만 짓고 있니

꽃아, 너는
항상
예쁜 모습만 내보이니

내가 아이스크림 먹을 때도
지켜만 볼 뿐
넌 먹고 싶지 않니

꽃아, 너를
보고 있노라면
좋은 친구가 되고 싶다.

-「꽃아」 전문

우리들 주변에 좋은 친구가 많이 모이는 사람이 있는가 하면 친구들이 가까이 하기를 꺼려하는 사람들도 있다. 이 작품은 좋은 냄새(향기)가 있어서 사람들이 꽃을 좋아하듯이, 찡그리지 않고 환하게 웃어 주는 꽃을 좋아하듯이, 다른 사람들을 향하여 미소가 넘치고 향기가 모락모락 돋는 사람으로 자라나는 어린이가 되라고 충고하는 교훈성이 살짝 가려진 좋은 작품이다.

민들레꽃 노랗게 피어나고
흰머리 되었더니
바람에 뿔뿔이 흩날려
대궁만 남았다

길거리에 저 아저씨
머리가 번들번들
민들레처럼
어쩜 바람에 휘날려버렸나

할아버지 흰머리 생겨나고
검게 염색해도
바람에 뿔뿔이 날릴까봐
모자를 쓰시나 보다

할아버지
바람 심하게 부는 날은
그냥
집안에서 우리들과 놀아요.

-「민들레와 할아버지」 전문

이 작품은 지은이가 길거리를 걷다가 머리가 번들번들한 아저씨의 대머리를 보며 문득 씨앗이 모두 날아가 버린 민들레꽃의 꽃대궁을 연상하며 쓴 작품이다. 민들레 꽃씨가 하얗게 부풀었다가 머리카락 같은 씨앗은 모두 날아가 버리고 꽃대궁만 남았는데 그것이 마치 머리카락이 모두 사라져버린 대머리 모습이라고 상상하는 것이다.

바람결에 머리카락이 날아갈까 봐 걱정스러워 우리 할아버지는 날마다 모자를 쓰고 다니는가 보다고 생각하는 모습이 참으로 사랑스럽고 어린이답다.

엄마는
아빠를 보면
'당신이 최고야'
아빠가 으쓱

아빠는
나를 보면
'채호가 최고야'
내가 으쓱

나는
'엄마가 최고야'
우리 집 모두
으쓱 으쓱.

-「우리집 으쓱으쓱」 전문

삼밭에 돋아난 쑥은 삼대처럼 곧게, 크게 쑥쑥 자란다고 한다. 이것은 우리들 주변의 환경이 아이들 교육에 매우 중요하다는 것을 강조할 때 자주 쓰이는 말이다, 엄마는 가족의 행복을 위하여 늘 수고하시는 아빠를 향하여 '당신이 최고야'하며 부추겨 주고, 아빠는 건강하게 쑥쑥 자라주는 아들이 최고라고 기를 살려 주고, 아들은 사랑으로 보살펴 주시는 엄마가 최고라고 감사할 줄 아는 이 가정이야말로 이 땅에 참으로 아름다운 에덴동산을 만들고 사는 행복한 가정이다. 세상 모든 가정이 이런 평화와 사랑으로 가득하기를 기도하며 가족 사랑이 오래 오래 지속되기를 바랄 뿐이다.

남해바다에 가면
섬이 많아
다도해라고 부른다

사람들 중에도
섬이 있다고 한다
외톨이다

어울리지 못하고
저밖에 몰라
외롭게 혼자 남는다

바다의 섬과는 다른
또 하나
외톨이 섬이다

-「외톨이 섬」 전문

요즘 집단따돌림(왕따) 이야기가 가끔씩 뉴스거리로 오르내린다. 바다 위에는 많은 섬들이 있어 매우 다정스럽게 보이지만 우리 사람들 사이에서는 섬이라고 하면 외로운 사람을 연상시키는 낱말이다. 많은 사람들 속에 함께 어울리지 못하고 외톨이가 된 사람들에게 따뜻한 시선을 돌리라고 말없이 강권하는 것 같다. 친구가 없다는 것은 그 무엇보다도 슬픈 일이 아닐 수 없다. 이 땅에 외톨이들이 한 사람도 없기를 간절히 염원하는 긍정적인 시선으로 그려낸 좋은 작품이다.

바람은
어디에도 보이지를 않는다
되돌아가거나
가던 길 물러서지 않는다

바람은 장난꾸러기
바람은 심술꾸러기
때로는 무자비한 폭력배다

바람은 타고난
최고의 싸움쟁이
망나니짓도 서슴지 않는다

경찰서에 잡혀갔거나
병원에 입원했다는
이야기는 들어보지 못했다.

-「바람은 싸움쟁이」 전문

이 동시집의 표제가 된 작품이다. 아마 이 작품은 태풍이나 강한 비바람을 겪고 나서 지은 작품인 듯싶다. 이 작품에서의 바람은 동요에서 나오는 나뭇꾼의 이마에 맺힌 땀방울을 시원하게 식혀주는 선선한 산들바람이 아니다. 장난꾸러기이며 심술꾸러기라면 그런대로 참고 넘어갈 수 있지만 이 바람은 그게 아니다. 무자비한 폭력배이며 최고의 싸움쟁이로 묘사되고 있다. 그런데도 경찰서에 이 바람이 잡혀갔다는 말은 들어보지 못했다. 폭력배이며 망나니짓을 하는 바람을 보면서도 인간들은 어쩌지 못해 하는 안타까운 마음을 그려내고 있다.

선생님
때리지 마세요
우리들은
사이좋게 노는데

선생님
거짓말 마세요
우리들은
바른 말 하는데

친구들은 좋아도
어린이집
선생님이 너무
무서워요

-「무서워요」 전문

이 작품은 작품 아래의 풀이에서 보듯이 텔레비전에서 본 실제 상황의 사건을 보고 그 울분을 그려낸 작품이다. 식사 시간에 김치조각 남겼다고 네 살짜리 아이를 무자비하게 주먹을 휘둘러 아이가 서너 발짝 날아가 쓰러지는 모습! 온 국민의 가슴이 철렁했던 사건이다. 친구가 맞는 그 모습을 다른 아이들은 꼼짝도 못하고 무릎을 꿇고 앉아 바라보고 있는 겁먹은 모습! 그 어린이집을 다니는 아이들이 평소 얼마나 불행했을까! 비슷한 사건인데 어느 어린이집에 다니는 어린이가 당한 일이다. 텔레비전에 나온 일이니까 꾸며낸 이야기는 절대 아니다. 집에서 엄마가 바느질을 하려고 바늘을 잡으니 아이가 소스라치게 놀라며 벽 쪽으로 피하더란다. 저 아이가 왜 저러나 하면서 바늘을 쥔 채 "왜 그래?" 하고 다가가니 벌벌 떨면서 "잘못했어요."하며 우는 것이었다. 아이의 엄마가 이상한 생각이 들어 아이의 몸을 살펴보니 발바닥에 바늘로 찌른 상처가 빈틈이 없을 정도로 빨갛게 발바닥에 가득한 피가 맺힌 모습이 텔레비전 화면에 나타났다. 크게 사건화 되었고 그 어린이집과 교사는 처벌을 받았지만 일하는 엄마들이 어떻게 안심하고 아이를 키울 수 있을까 걱정스럽다. 그 사랑스러운 아이들이 모두 내 자식이고 내 손자이고 우리나라의 미래인데….

호두를 골랐다
아무래도
다른 것보다 가볍다

망치를 번쩍 들어
갸웃갸웃
살짝 내리쳤다

겉은 멀쩡했는데
알맹이는 없고

시커멓다

들은 것이 많아야
묵직한데
기분만 상했다

머리를
좌우로 흔들어 봤다
듬직함이 없다

-「호두를 까며」 전문

호두알을 깨면서 겉은 멀쩡하게 보여도 실속 없이 살아가는 사람들이 많다는 것을 매우 준엄하게 꾸짖고 있다. 그러면서도 겸손을 주장한다. 호두알을 깨는 것은 우리 생활 속에서 흔히 있는 일이다. 대개는 속이 꽉 차 있지만 가끔은 빈 쭉정이도 있다. 내 머리를 좌우로 흔들어 보았더니 듬직함이 없다고 쓴 구절에서 조금은 겸손할 줄 알며 머릿속이 꽉 찬 사람이 되라고 훈계하는 것 아닌가. 시는 심미적이어야 하지만 한편으로는 교훈적이어야 함을 강조하고 있다.

## Ⅲ. 나오는 말

박종국 아동문학가는 아동문학가로 등단하면서 “이제 초등학교에 들어갈 손자와 같은 마음으로 세상을 읽어 보고 생각하고 느끼며 담아보겠습니다."라고 소감을 밝힌 바 있다. 누가 뭐라 해도 동시는 아동들을 대상으로 해야 하며 아동들이 이해할 수 있어야 하고 아동들의 입장에서 쓰여져야 한다. 더 나아가 아동들의 애환과 희망을 그려내야 할 것이다.

박종국 아동문학가의 동시는 일상의 차원으로 떨어지지 않으면서 그렇다고 어려워지기 쉬운 은유나 고차원적 상징의 세계에서 머무르지 않는 적절한 시적 긴장감을 보여 주려고 노력한 흔적이 작품 곳곳에서 보인다. 이 동시집에서는 평범한 것으로 보이는 직유법의 계속적 사용으로 직유가 장식적 범주가 아니라 창조적 범주로도 수용될 수 있다는 가능성을 많이 내포하고 있다.

고희를 바라보며 동심의 세계를 탐색하는 그 열정에 뜨거운 박수를 보내며 이 동시집이 많은 어린이들에게 읽혔으면 좋겠다는 바람을 얹으며 이 땅의 모든 어린이들이 늘 행복하기를 함께 기도하며 글을 멈춘다.

# 아름다운 모국어로 사랑의 씨뿌리기

## 김 숙 동시조집 『별 바구니』

### Ⅰ. 들어가는 말

재미있는 국어공부
가장 쉬워 으뜸인 글

시 짓기 동요 부르기
아름다운 순 우리 말

우리 글
훈민정음은
세종대왕 만드신 글.

-「국어 사랑」 전문

위 작품은 김숙 시인의 이번 동시조집 제일 끝에 있는 「국어사랑」이라는 동시조이다. 아름다운 우리의 모국어를 사용하여 아름다운 시를 창작하는 시인들의 모습은 참으로 아름답다. 왜냐하면 시인들의 숭고할 만큼 눈물어린 노력으로 우리의 모국어는 더욱 아름다워지며 시를 읽는 사람들의 마음까지도 더욱 아름다워질 것이기 때문이다.

시는 철학과 마찬가지로 사물을 추상적으로 바라보는 데에서 시작하는 것이기 때문에 상상력을 확산시키는데 부단히 노력하여야 하며, 이러한 노력의 산물인 우리의 상상은 모두 아름다운 시의 바탕이 되는 것이다.

독일의 뛰어난 극작가이고 시인이며 문학이론가인 쉴러(Schiller)는 시인을 일컬어 '자연으로서 존재'하든가, 아니면 '잃어버린 자연을 추구'하든가의 두 가지로 나눌 수 있는데, 앞에서 말한 '자연으로서의 존재'를 소박한 시인이라 하고, 뒤에 말한 '잃어버린 자연을 추구'하는 시인을 감상적 시인이라 하였다. 김숙 시인은 이 두 가지의 영역을 자유롭게 넘나드는 시인이라고 할 수 있다. 때로는 자연적이며 또 때로는 감상적인 모습들을 여러 작품에서 읽어낼 수 있기 때문이다.

김숙 시인은 『천년초』, 『살아있음이 행복이다』라는 두 권의 시집과, 『초록길 따라 열차를 탄다』라는 동시집, 그리고 『꿈꾸는 제비꽃』이라는 동시조집을 이미 발간한 우리 시대의 훌륭한 중견시인이다. 또한 『꿈꾸는 제비꽃』 첫 번째 동시조집으로 「한국현대동시조문학상」을 수상한 바 있으며, 한밭아동문학가협회 회장을 맡아 아동문학 발전을 위하여 매우 헌신적으로 노력하는 훌륭한 시인이다. 김숙 시인의 이와 같은 헌신적인 노력으로 이 땅에 동시조의 꽃이 만발하고 더욱 발전하기를 기원하며 어린이들의 미래가 아름답고 풍성하기를 바라면서 작품의 세계로 들어가 보고자 한다.

## Ⅱ. 아름다운 모국어로 사랑 이어가기

이제 김숙 시인이 정열을 바쳐 묶어내는 이 동시조집에 실린 글 가운데 우리의 심금을 울리는 몇 몇 작품들을 감상해 보자. 작품들이 훌륭하여 모두 다 언급하고 싶지만 제약된 지면이 아쉬울 뿐이다.

참새가 아장아장
오솔 길 걸어가면

황조롱이 뒷짐 지고
졸랑졸랑 따라 가요

해님의
둥근 카메라
찰칵찰칵 멋있게.

-「참새와 황조롱이」 전문

아마도 이 작품은 새봄을 맞으며 한 가족이 카메라를 들고 봄나들이 나왔나 보다. 아기의 귀엽고 예쁜 모습을 카메라에 담는 엄마는 얼마나 행복할까! 엄마와 아기가 산책하는 모습을 참새와 황조롱이가 숲 속을 걷는 것으로 바꿔친 솜씨가 매우 예사롭지 않다. 글쓰기에서 이렇게 살짝 바꿔 쓰는 기법을 환치(換置)라고 한다. 이 동시조 한 작품만 보아도 김숙 시인은 시조를 요리조리 굴리며 능숙하게 다루는 솜씨가 매우 비범하고 사람들의 마음을 잘 읽어내는 뛰어난 시인이라는 것을 짐작하고도 남을 것이다.

어젯밤 이슬 먹물
한가득 머금고

자줏빛 붓꽃들이
허공위에 쓰는 글씨

오월엔
사랑을 하자
가족, 친척, 스승, 제자.

-「붓꽃」 전문

이 작품은 사물(꽃)의 이름에서 시상을 얻어 무리 없이 엮어낸 교훈 시조이다. 바람에 살랑거리는 꽃을 보며 허공 위에 글씨를 쓴다고 표현한 눈길이 사랑스럽고 따뜻하다. 흔들리는 붓꽃의 옆에 서서 '무슨 글씨를 쓰나?' 하고 살펴보니 〈가족, 친척, 스승, 제자…〉등 사람과 사람 사이에서 꼭 필요한 말들이다. 붓꽃이 한창 피는 가정의 달 오월과 연계하여 우리 사람 사이가 화목하기를 말없이 주장하고 있어 마음 따뜻하다.

천상에서 노래하는
아름다운 하모니가

빛살 되어 내려오는
금빛 같은 설렘으로

은종을
울리는 소녀
소녀 같은 은방울꽃.

-「은방울꽃」 전문

사람이 흔들어 주거나 바람에 스스로 흔들리면 딸랑딸랑 소리가 날 것 같은 은방울꽃을 보며 그 청초하고 아름다운 모습을 참으로 아름답게 그려낸 작품이다. 보통 사람들의 귀에는 들리지 않지만 시인은 아주 맑은 천상의 노래 소리를 시인들만이 들을 수 있는 특유의 귀로 듣고 있다. 들어가는 말에서 말한 상상의 나래를 활짝 펴 천상의 세계에까지 이른 시인의 상상력이야말로 참 곱고 넓다고 하겠다.

하얀 꽃 몽글몽글
피고 있는 꽃시계

초침 분침 시침 없는
새하얀 미소만 있는

토끼풀
꽃시계 차요
유치원 체험학습 날.

-「토끼풀 꽃시계」 전문

유치원 아이들이 체험 학습하는 모습을 참 재미있게 그려낸 동시조이다. 그동안 대개의 사람들은 토끼풀 꽃시계를 많이 만들어 보곤 하였다. 만들어서 아이 손목이나 사랑하는 사람에게 꽃반지나 꽃시계를 만들어 주며 즐거워하였다. 그러나 꽃시계라는 이름에서 보통의 시계처럼 초침, 분침, 시침 등 시계바늘이 없다는 것을 읽어낸 눈길이 참 재미있다.

물속에 숨어 있는
외톨이 아기 섬

등딱지만 가물가물
가끔씩 드러나는

코 박고
헤엄치다가
잃어버린 엄마 얼굴.

-「아기섬」 전문

아마도 이 아기섬은 〈등딱지만 가물가물/ 가끔씩 드러나는〉 것으로 보아

암초인 듯싶다. 바닷물 속에 숨어 있는 섬을 우리는 암초라고 부른다. 이 암초는 밀물이 들어오면 바닷물 속에 잠겨 보이지 않아 배들이 지나가다가 바위에 걸리면 큰 사고를 당하곤 한다. 썰물 때에만 보이는 작은 섬을 보며 어린 개구쟁이가 코 박고 웅크리고 앉아 장난하는 모습으로 바라본 시인의 눈길이 정겹다.

신에게 선물 받은
윤기 나는 푸성귀

자라나면 싹둑싹둑
잘라오는 우리 엄마

밀가루
쓴, 둥근달이
노릇노릇 웃고 있다.

-「부추 부침개」 전문

추적추적 비가 내리는 여름날에 심심하고 입이 궁금하여 엄마들이 가끔씩 부침개 해 먹는 모습에 시의 초점을 맞추고 있다. 부추는 우리 몸에 좋은 알카리성 식품이라고 한다. 부추는 지방에 따라 이름도 가지가지다. 정구지, 솔, 졸, 부추 등 지방에 따라 다르게 불린다. 신이 내려준 부추 선물을 잘 반죽하여 둥그렇게 부쳐내는 엄마의 솜씨를 보며 둥근 달로 표현하였다. 〈노릇노릇 웃고 있다〉는 둥근 달로.

아버지의 구두 굽은
어느새 닳아있다

내가 가는 학교와
학원과 오락실로

진종일
따라 다녀서
뒷굽이 닳고 닳았다.

-「아버지의 구두」 전문

퇴근길에 사 오신
따끈한 군고구마

두 손을 호호 불며
맛있게 먹던 날은

함박꽃
웃음꽃 피어
방안이 환해져요.

-「아버지 군고구마」 전문

「아버지의 구두」와 「아버지 군고구마」 두 작품은 아버지의 정이 진하게 느껴지는 아름다운 동시조이다. 아버지의 다 닳아버린 구두를 보며 왜 그렇게 닳았는지 그 이유를 생각하고 있다. 자녀가 가는 곳이면 늘 데리고 가 주시는 참 자상하고 정이 많은 아빠이신가 보다. 그러니 아무리 튼튼한 가죽구두라 해도 닳지 않을 수가 있을까?

또한 아버지가 사 오신 군고구마 한 봉지가 온 가정을 행복한 웃음으로 채워 환한 불빛으로 퍼지고 있다. 너무도 바쁘게 사시는 우리 아버지들이 조금 덜 바빠서 우리 어린이들과 자주 놀아주고, 어린이들이 먹고 싶은 것도 사주시는 아버지의 모습을 자주 보았으면 좋겠다.

할아버지 생신날
한상 가득 차려진

할아버지 앞에 있는

먹고 싶은 고기반찬

할머니
그걸 아시고
내 앞으로 밀어줘요.

-「손자 사랑」 전문

할머니의 손자 사랑이 가슴에 뭉클할 만큼 따뜻하게 다가오는 동시조이다. 할아버지 생신날 온 가족이 모두 모여 맛있는 음식을 많이도 장만했나 보다. 할아버지 앞에 놓여 있는 고기반찬 등 맛있는 반찬들을 바라보니 나도 모르게 꼴깍 침이 넘어가는데 눈치 빠른 할머니가 그 소리를 들으시고 '그래, 많이 먹고 쑥쑥 자라 거라.' 하시며 손자 앞으로 반찬을 밀어 주신다. 그 모습을 바라보시는 할아버지도 아마 빙그레 웃으실 것이다.

주방에서 요란하게
재글재글 볶음 냄새

할머니 오신 날엔
두레상이 펼쳐진다

혼날 일
가슴 죄는데
스무스하게 넘어간 날.

-「할머니 오신 날」 전문

이 동시조는 앞의 작품과 연결되는 듯하면서도 다른 주제를 노래하고 있다. 「손자 사랑」에서는 맛있는 음식을 배불리 먹을 수 있어 좋았는데, 「할머니 오신 날」은 마찬가지로 맛있는 음식을 장만하지만 음식에는 관심이 없다. 장난치다가 엄마에게 꾸중을 듣게 되었는데 할머니가 오신 것이다. 그야말로 우리 할머니는 정말 좋은 때에 오신 구세주이시다. 할머니께서 오신 덕택에 조용하게 그리고, 부드럽게 넘어가게 된 것이다. 할머니 앞에서는 우리 엄마도 나를 꾸중하시거나 나무라지 못하시기 때문이다. 나는 오로지 그것이 고마울 뿐이다. 아마 엄마는 속으로 끙끙 참으시며 할머니께서 가시기만 기다리셨을지 모르지만 어쨌든 나는 벼락은 면했다. 어른의 입장에서 생각해 보아도 안도의 한숨이 나오며 웃음이 나온다.

사랑의 종소리
엄마 손 꼭 잡고 온
코흘리개 착한 아이

군것질 않고 모은
정성 어린 성금 봉투

희망이
무지개 타는
구세군 자선냄비.

-「사랑의 종소리」 전문

이렇게 착한 어린이들이 있기에 우리나라의 미래는 밝다. 그동안 군것질 하고 싶었던 것을 꾹 참고 모은 정성어린 성금 봉투. 금액이야 많고 적은 것이 문제가 아니다. 어려운 사람들 돕는 데 써 달라고 구세군 자선남비에 봉투를 넣는 어린이의 고사리 손을 꼬옥 잡아 주고 싶다. 그렇게 아름다운 마음으로 아름다운 행동을 하도록 몸소 가르치고 있는 엄마가 참으로 훌륭한 엄마라는 생각이 든다.

고추 모 심고 있는
아이들 눈 속에

손가락 보다 작은
지렁이가 무섭다고

엉덩이
쿵, 찧는 소리
밭고랑이 놀란다.

-「고추 모종하는 날」 전문

부모님을 도와 밭에서 일을 하는 아이들의 모습을 그린 작품이다. 무럭무럭 자라나고 다닥다닥 고추가 열리라고 마음속으로 기도하며 고추모를 심는데 호미질 하는 사이로 나타난 지렁이. 크기야 손가락 보다 작지만 무섭고 징그러운 것을 어쩌랴! 으악! 하고 벌러덩 뒤로 나자빠져 엉덩방아를 찧는데 그 소리가 얼마나 컸던지 밭고랑이 놀랐다는 표현이 재미있고 익살스럽다.

작년 겨울 남겨 놓은

묵은지, 김치찌개

해묵은 깊은 맛은
먹어봐야 맛을 안다

옛 친구
다정다감한
묵은 정과 같은 것.

-「묵은 맛 묵은 정」 전문

묵은 김치를 먹을 때마다 어른들은 말씀하신다. 금방 담근 겉절이 김치도 맛있지만 역시 묵은 김치라야 깊은 맛이 있고 뒷맛이 개운하다고들 늘 말씀하신다. 이 시를 쓴 시인은 묵은 김치를 소재로 작품을 썼지만 친구도 오랜 친구라야 속마음을 터놓고 말할 수 있고 다정하다는 것을 웅변으로 말하고 있다. 죽고 못살 것처럼 헤헤거리다가도 '너하고 다시는 안 놀아!' 하고 토라져버리는 어린이들에게 그러면 안 되는 거라고 조용하게 타이르는 듯하다.

대보름 달집태우기
아이들은 쥐불놀이

풍년기원 장수 기원
간절한 어머니 소원

은하수
물가에 동동

오곡밥이 한 시루.

-「정월 대보름 밤」 전문

요즈음은 보기 드문 정월 대보름날 밤의 모습이다. 대보름이 없어진 것이 아니라 달집태우기와 쥐불놀이 등이 거의 사라져가고 있다. 옛날 우리 할머니들은 정월 대보름날이면 장독이나 동네 앞 커다란 당산나무 앞에서 풍년들게 해 달라고, 온 가족 건강하게 해 달라고 간절하게 빌었었다. 사라져가는 풍습을 아쉬워하며 쓴 작품인 듯싶다.

물을 담아 불리면
넘실대는 초록바다

바다를 떠나 온
아줌마의 가슴은

불려진
미역이 싫다
초록물결 마저 싫다.

-「미역국 싫은 아줌마」 전문

고향이 그립다는 것을 역설적으로 노래한 작품이다. 고향에서 많이 보았던 것들이나 많이 먹었던 음식들을 보면 고향생각이 나서 더 찾을 텐데, 지은이는 고향이 그리울까 봐 애써서 외면하려고 한다. 그렇게 함으로써 그리운 고향이라는 것을 더욱 강조하는데 이런 싯적 표현 방법을 역설이라고 한다. 사람은 살다보면 늘 고향을 잊지 못하고 살아가고 있는 것이라고 강조하고 있는 우수한 작품이다.

손자손녀 어린이와
함께하는 학교생활

늦깎이 공부가
힘들어도 재미 솔솔

꾹, 꾹, 꾹
눌러 쓴 글씨

-「어느 할머니의 학교생활」 전문

이 동시조는 텔레비전에서 방영되는 모습을 보고 쓴 작품인 듯싶다. 옛날 우리 할머니들은 가정 형편이 어려워서, 여자 아이 공부시켜 무엇 하느냐며 학교에 보내지 않는 집이 많았다. 학교에 다니지 못하였으니 글씨도 모를 수밖에 없는 일 아닌가! 평생을 글씨 모르고 살아 온 것이 너무도 억울해서, 한을 풀어보겠다고 늦게나마 학교에 입학하여 공부하시는 할머니들의 가슴 아픈 모습이다. 한 자 한 자 알아가는 글씨가 참 신기하고 보람 있을 것이다. 정말이지 살맛났을 것이다. 우리가 마음껏 공부할 수 있다는 것은 참으로 부모님께 고마워해야 하고 행복한 일이라는 것을 강조하고 있다.

가까운 일본에서도 90살 먹은 할머니가 늦게 글씨를 익혀 아름다운 시를 써서 시집을 출판했다고 하니 우리들의 할머니도 맺힌 슬픔을 다 녹이고 행복하고 보람을 느끼며 사시기를 기도하는 작품이다.

## Ⅲ. 나오는 말

시조는 우리 시가문학사에서 가장 오랜 생명력을 지니면서 가장 풍성한 민족문학의 유산을 남겨준 문학형태라는 데에 많은 사람들이 공감하고 있다. 고려 말에 자연스럽게 발생한 시조가 조선시대 500년을 지나오면서 질적으로 양적으로 풍성한 작품을 남겼으며 신문학기에는 육당 최남선 선생님에 의해 신체시와 함께 그 명맥을 유지하여 왔고, 서구의 현대시에 의해 시조의 운명이 빛을 잃어갈 즈음 가람 이병기 선생님에 의해 시조 부흥 론이 제기되어 현대시조의 면모를 확실하게 갖추고 다시 번창하는 시기를 맞고 있다 하겠다.

우리 민족문학인 시조가 잠시 존폐(存廢)를 걱정할 만큼 휘청거렸던 것은 맥을 이어갈 다음 세대가 없었기 때문이다. 이런 면에서 볼 때 동시조의 중요성은 아무리 강조해도 지나침이 없을 정도로 중요한 일이다. 그 중요한 일을 김숙 시인은 마다하지 않고 아름다운 동시조를 창작하고 있으며, 작품의 우수성까지 갖추고 있어 참으로 고맙고도 다행스러운 일이 아닐 수 없다.

김숙 시인도 스스로의 서문에서 〈'동시조'는 성현들의 발자취가 깃들인 '시조'의 맥이 흐르며 녹아나는 가락과 울림으로 정해진 틀을 갖추어야하기에 현대시와 차이점이 있습니다. 역사를 사랑하는 뒤안길에 품위 있던 조선시대 선비들의 지고지순한 문장을 존경하여 사모하는 마음으로 '동시조'를 씁니다.〉라고 밝히면서 앞으로도 꾸준히 동시조 창작에 힘쓸 것임을 다짐하고 있다.

그러면서 〈아름다운 것을 보며 아름다운 말만 들으며 계절마다 느낌이 다른 자연 속에서〉…〈마음만은 순수하고 해맑은 어린이처럼 살고 싶다.〉고 스스로의 소망을 밝히며, 이 땅의 어린이들도 김숙 시인처럼 그렇게 곱고 아름다운 마음으로 자라나기를 간절히 기도하고 있어 읽는 이의 마음조차도 매우 흐뭇하다.

김숙 시인의 바람처럼 우리나라가 살기 좋은 아름다운 나라로 번창하기를 기원하며 그 아름다운 이 땅에 우리 어린이들이 행복하고도 당당한 주인이 되기를 기도하며 글을 멈춘다.

# 운율과 공간의 미학

## 조근호 문학평론집

발 행 일 | 2018년 11월 22일
지 은 이 | 조근호
발 행 인 | 李憲錫
발 행 처 | 오늘의문학사
출판등록 | 제55호(1993년 6월 23일)
주 소 | 대전광역시 동구 대전로 867번길 52(한밭오피스텔 401호)
전화번호 | (042)624-2980
팩시밀리 | (042)628-2983
전자우편 | hs2980@hanmail.net
카 페 | cafe.daum.net/gljang(문학사랑 글짱들)
| cafe.daum.net/art-i-ma(아트매거진)

공 급 처 | 한국출판협동조합
주문전화 | (070)7119-1752
팩시밀리 | (031)944-8234~6

ISBN 978-89-5669-964-6 03810
값 15,000원



* 이 책은 교보문고에서 E-Book(전자책)으로 제작하여 판매합니다.
* 잘못 제작된 책은 바꾸어 드립니다.
* 이 책은 대전광역시 와 대전문화재단 에서 사업비 일부를 지원받아 발간되었습니다.